落ちこまない練習

病気や不幸は慈悲の贈り物

青山俊董

GENTOSHA

はじめに

「たった一輪のスミレのために、地球がまわり、風が吹き、雨が降る」

これは雪の山脈を六年間放浪し、天地の声を聞いたジョン・ミューア（アメリカの国立公園の父と呼ばれる）の言葉です。一輪のスミレを咲かせる背景に、天地総力をあげてのお働きがある。その同じお働きをいただいて、鳥も飛び、猫も走り、私もこうして生かしていただいています。そのお働きを「仏」と呼び、地上の一切の存在はこのお働きをまったく平等にいただいて、それぞれの生命の営みを致しております。したがって仏教では人間の生命も一輪のスミレの生命も、犬猫の生命もまったく平等といただきます。しかし、働きは違います。天地総力をあげてのお働きをいただいて、日々の生活の営みがあるということを自覚する働きは人間だけに授かっていると説きます。

天地いっぱいのお働きをいただいて一輪のスミレが花を咲かせても、スミレにその自覚はありませんでしょう。天地いっぱいのお働きをいただいて鳥は飛び、猫は走っても、鳥や猫にその自覚はありませんでしょう。自覚することができるのは人間だけだというのです。自覚することができるというすばらしい働きをいただいていても、実際に自覚しなければその尊い生命を軽んじたり、傷つけたりしてしまいます。

また、さいわいに生命の尊さを説く人や教えに出会っていても、アンテナが立っていなければ、話が聞こえてもこなければ、その人との出会いも成立しません。大切なことはアンテナが立っているかいないか、スイッチが入っているかいないかにかかるといえましょう。

「傷に大小はあっても、傷は傷じゃ。借りものでない自分の傷を大事にすることじゃ」

これは医者で、しかも深い信心に生きた米沢英雄先生の言葉です。

新入社員研修のあとの茶話会での感想で、二十人のうちの十九人までが足が痛かったことのほかは何も聞いていなかったのに対し、その中のたった一人、重病を患ったという青年が、病の痛みを通して「今日のお話は心にしみてありがたかったです」と語ってくれました。そのことを通して、悲しみや苦しみに導かれてアンテナが立ち、人や教えに出会うということを再認識したことでした。

癌《がん》の再発で入退院を繰り返しているH氏から便りが参りました。

「お陰様で散歩ができるまでに回復致しました。呼吸困難になったときは苦しくて、痛くて、呼吸することが精いっぱい。声を出すこともできませんでした。両膝と両手で体を支え、吐いて吸って吐いて吸って……。呼吸を繰り返すことのほかは何もできませんでした。そのことを通して大きなことに気づかせていただきました。二十四時間、私の心臓を働かせつづけ、眠っている間も血液や酸素を運びつづけ、働きっぱなしのお方がいてくださったということに。五十歳を迎える今日まで、一夜も休まずに呼吸をしつづけてくださっていたそのことに気づかせるために、そのお方に出会わせるために、この度の病気を授けてくださったのだと、今は感謝の毎日です」

私はうれしくなって「ようこそ気づいてくれました。〝南無《なむ》病気《びょうき》大菩薩《だいぼさつ》〟ですね」と返事を書き送ったことです。同じ病気をしても、病気を「南無」と拝めたとき、そこに展開する世界はまったく違ったものとなり、おのずから病気も快方にむかい、「近いうちに先生に会いに参ります」との手紙をいただくまでになりました。

人生の旅路にも山あり、谷あり、いろいろあります。下り坂では下り坂の風景に、どん底に落ちたらどん底でしか気づけないことに気づかせていただき、さらに一歩進んで、豊かな景色とたのしみ、味わわせていただきながら生きていきたいものと思うことです。

日頃思うこと、願うことの片々を、一冊のものとして上梓していただくこととなりました。編集の労をとっていただいた多くのお方々に、心からの感謝を捧げます。

平成三十年十一月立冬の日　　青山俊董　合掌

落ちこまない練習　病気や不幸は慈悲の贈り物　目次

第一章

「当たり前」が教えてくれること

第二章

真理は一つ

第三章

愛を着せ、愛を食べさせる

第四章

親の生きる姿勢

第五章

勝ち負けだけが人生ではない

装丁／石間 淳
装画／毛利みき
DTP／美創
協力／ヴュー企画

第一章

「当たり前」が教えてくれること

病気や不幸は「アンテナを立てよ」という仏さまからの慈悲の贈り物

私が病気らしい病気をしたのは三十代後半のことです。東京の順天堂病院で診察を受けました。診察はわずか十分足らず。「癌に移行する心配があるからただちに手術しましょう」との宣告を受けました。

覚悟はしておりましたものの、私の頭の中を一つの思いがよぎりました。

〝この病気、ちょっと都合が悪いから、こっちの病気にしてくれませんか〟と、病気を択《えら》ぶことができたらいいなあ、という思い。

しかし次の瞬間、〝病気を択ぶことができないとしたら、それは仏さまからの授かりもの。それがたとえ死に至る病であろうと、授かりとあらば掌を合わせてちょうだいして参りましょう〟と覚悟ができ、一つの歌ができました。

み仏のたまいし病《やまい》もろ手あわせ
受けたてまつる心しずかに

すべておまかせ、そんな思いで手術台にのぼりました。開腹手術をしていただいたわけです。すべておまかせから一歩進めて、〝こんな機会でないと気づくことのできない、生かされている生命というものを見つめさせていただきましょう〟と、姿勢をたてなおしてみると、学ぶことがたくさんあり、枕もとのノートがたちまちいっぱいになりました。

まずは手術後の三、四日、ガスもお小水もお通じもない。したがって流動食やら三分粥が出ても、いただいた一口がおりてゆかず、まったく食欲がない。食いしんぼうの私が後にも先にもたった一度「食が細いんですね」と看護師さんにいわれた言葉が今も耳底に残っています。

手術四日目、何としても自分で出すことができず、浣腸していただきました。浣腸水がまわって腸が動くのか、中の傷も外の傷も痛い。両手で傷をおさえ、命がけの排便。体中の汗線から噴き出すように汗が流れる。こんな真剣なお小水や大便をしたのは生まれてはじめて。まさに乾坤《けんこん》これ放尿、乾坤これ放糞。看護師さんが「たくさん出てよかったわね。疲れたでしょう」とやさしく語りかけながら、汗をふいたり、お尻をふいたり。そして便器をまるで宝物を扱うように大切に持ってゆく姿を見ながら思いました。

世の母親たちが、幼子のおむつを取り替えるたびに、その便の色や匂いや硬軟を確かめ、それによってわが子の健康を測り、そのたびに「よくぞしてくれた」と心で合掌しつつ、宝物を扱うように始末するという体験を聞かされたことを。また内山興正《うちやまこうしょう》老師が、道元禅師の『普勧坐禅儀《ふかんざぜんぎ》』のはじめの一句「道本圓通《どうほんえんづう》、いかでか修証《しゅしょう》を假《か》らん」を、「本来タシマエいらず、フンヅマリなしの完結した自己」と意訳された名文に思いを致したことです。

入院して半月、みのり多き入院生活に「南無病気大菩薩」、〝ようこそ病気をさせていただきました〟と感謝の合掌をしつつ、退院させていただきました。

坂村真民《さかむらしんみん》先生の詩に、

病いが
また一つの世界を
ひらいてくれた
桃
咲く

というのがあります。

坂村真民先生はたくさんの大病をなさった方です。失明同様になられたこともあります。そのたびに、今まで見えていなかった世界が見えるようになり、気づかなかった世界に気づかせていただくことができ、心の花がまたしても大きく開いてくれた、というのです。こういう病気のしかたができると、病気が財産にさえなります。

同じように病気をしても、体の病気より心のほうが大きく病んでしまいがちです。白隠《はくいん》禅師の言葉に「三合五勺の病気に八石五斗の気の病」というのがあります。病気そのものは三合五勺。心が八石五斗も病んでしまい、本来授かっている自然治癒力を邪魔して治させない。そんな下手な病気のしかたをするのがとかく私共の姿です。

その後も、肋膜《ろくまく》とか肺炎とか、圧迫骨折とか、いろいろするたびに、違った気づきがあり、その経験を通して、病気で人生相談に来る方に、自分の病気の経験を語りながら、「病気を財産にしなさいよ」と語っていることです。

日蓮上人は「病によって道心はおこり候」と語り、お釈迦さまは、師と求道者を医者と病人にたとえられました。

病気はつらいほどまったなしに医者へ行こうとし、医者のいうことを聞こうとし、薬を飲もうとする。つまりアンテナが立つわけです。アンテナが立っていなければ、どんなにすばらしい人と出会い、また話を聞いていても、話も聞けなければ出会いも成立しません。

病気や不幸は「アンテナを立てよ」という、仏さまからの慈悲のプレゼントとしていただいて参りましょう。

病気を財産にする

病気になるのはつらいことです。
けれどもそれを逆手にとって、
「病気のおかげで新しい世界が開けた」と思えれば、
病気も宝物になります。

当たり前のすばらしさに気づく

ここ数年、膝の関節が痛み、立ち座りも歩くことも、まして階段の上り降りは大騒動。その足で法要の導師を勤めたり、朝四時から夜九時まで通しての坐禅も何とか膝をさすりさすり勤めたり、全国の講演に歩きまわっています。膝や足に「ごくろうさん」と声をかけながら。夜も二時間おきに膝の痛みで目が醒《さ》め、なでたりさすったり薬をつけたりしてまた何とか眠る。そんなことを通して気づかせていただくことがたくさんあり、〝ありがとう〟〝ありがとう〟と掌を合わせる毎日です。

講演に行く。電車がホームへ入ると、まずエレベーターかエスカレーターの位置を車窓からたしかめます。ところが田舎の駅は今でもエレベーターも何もないところがあります。止《や》むを得ず手すりにつかまり、蟹《かに》の横ばいよろしく、一歩一歩ヨイショヨイショとかけ声をかけて上ったり降りたりする。そんな私の横を若者が二、三段ポンポンと跳びこして、アッという間に走り去る。その後ろ姿を見送りながら思います。あの若者は階段を二、三段跳びこして走っていけることを当たり前と思っているんだろうなあと。

お茶の稽古場で弟子たちがスッと美しく立ち座りができ、またススッとすべるように歩く。私には何とすばらしいことかと感動しますが、当の本人は何とも思わず、当たり前と思っていることでしょう。

かつては夜一度も目が醒めず熟睡できた。そのことをありがたいとも何とも思っておりませんでした。この頃は一時間半から二時間おきに目が醒め、痛む膝や足とおつきあいをしながら思います。夜が夜らしく熟睡できるということが、どんなにすばらしいことかと。

膝や足の痛みを通して、すべて当たり前として気づかずに通りすぎていたことの一つ一つが、とてつもなく大変なことであったと、遅ればせながら気づくことができ、膝や足に「ごくろうさん、ありがとう」と礼をいう毎日です。当たり前といただくところからは愚痴しかこぼれませんから。

あたりまえ
こんなすばらしいことを
みんなはなぜよろこばないのでしょう
あたりまえであることを
お父さんがいる　お母さんがいる
手が二本あって、足が二本ある
行きたいところへ自分で歩いてゆける
手をのばせばなんでもとれる
音がきこえて声がでる

こんなしあわせはあるでしょうか
しかし、だれもそれをよろこばない
あたりまえだ、と笑ってすます
食事が食べられる
夜になるとちゃんと眠れ、そしてまた朝がくる
空気をむねいっぱいすえる
笑える、泣ける、叫ぶこともできる
みんなあたりまえのこと
こんなすばらしいことを
みんなは決してよろこばない
そのありがたさを知っているのは
それを失くした人たちだけ
なぜでしょう　あたりまえ

この詩は、若くして悪性腫瘍のために亡くなられた井村和清《いむらかずきよ》先生が、幼い飛鳥ちゃんというお子さんと、まだ奥様のお腹の中にいるわが子のために書き遺《のこ》した『飛鳥へ、そしてまだ見ぬ子へ』(祥伝社刊)という本の中に「あたりまえ」という題のもとに書かれたものです。この詩は亡くなる二十日前に書かれたものだそうです。

また平野恵子《ひらのけいこ》さんは幼い三人の子供に『子どもたちよ、ありがとう』と題する遺書を残して、癌のため四十一歳の生涯を閉じました。その本の中で、

「人生には、無駄なことは、何一つありません。お母さんの病気も、死も、あなた達にとって、何一つ無駄なこと、損なこととはならないはずです。大きな悲しみ、苦しみの中には、必ずそれと同じくらいの、いや、それ以上に大きな喜びと幸福が隠されているものなのです」

と子供たちに書き遺しておられます。

失ったことを通してのみ気づく当たり前のすばらしさに目を向けず、失ったほうにばかり目をやると、暗く悲しい世界が展開します。

失ったものが、例えば三とすれば、これを通して五も十も、気づけよというすばらしいプレゼントが準備されていることを忘れるな、というのです。同じ状態の中におかれても、どこに目を向けるかで、まったく違った世界が展開することを忘れないようにしましょう。

努力をしなくても呼吸ができ、見ることができ、手足も自由に動く。当たり前と思うところからは愚痴しかこぼれませんが、その一つ一つの働きが途方もなく大きなことであり、その背景に限りない大きな働きがあることに気づかせていただくことができたとき、人生はどんなにか豊かで、まぶしいほどの輝きを持ったものとなることでしょう。

痛む膝や足に「ありがとう」と礼をいう

立ったり、座ったり、熟睡したり……。
今まで何気なくできていたことができなくなることで、
新たな感謝の気持ちが生まれます。

授かりの仏の命へのめざめ

重度心身障害者の施設に、ご縁をいただいてお話に参りました。障害ゆえの苦しみや悩みを持った経験のない私に、お話をする資格があるのだろうか。「障害に泣く私らの苦しみがわかるか！」の叫びの前に、私は何を語ったらよいのであろうか……。重い心を励まして壇上に立ちました。

自分で歩くこともできない方々が、車椅子に乗せていただき、五十人ほど講堂に集まっておられました。車椅子にも乗られない方は、大きなベッドのまま運び込まれていました。壇上に立った私は思わず息を呑みました。車椅子に乗せていただき、体をまっすぐ私のほうへ向けようとすると、首が横にねじれるか、後ろへのけぞってしまう。首を私のほうへ向けようとすると体がよじれてしまう。手も足もおさめておきたいと思うところにおさまっていてくれない。おさまるどころか、一生懸命に聞こうとするほどに、体は勝手におどり出す。リラックスしているときは静かにしていてくれる体が、お話を聞こうと緊張するほどに、反射的におどり出すのだというのです。

さまざまな障害を背負われた方々を前に、一時間半、祈る思い、詫びる思いで私なりに全心身を傾けてお話をしました。約束の時間を十分ほど過ぎてしまい、疲れられたのではなかろうかと懸念しつつお話を結び、その日の出会いを感謝する言葉を述べると、全員がまさに命がけの拍手をしてくれたのですが、それが音にならないのです。全身で拍手をしようとするのですが、両手の高さがずれてしまうか、両手がぶつかるところまで伸びないか、指がちぢんでしまっているか……で。私は音なき万雷の拍手を、頭を垂れて聞きました。涙がとめどなく流れ出ました。

壇を降り、一人一人を拝みながら会場を退出しようとする私に、皆さんが、動けない体や手を伸ばし、言葉にならない言葉を発して、「オーオー」とその喜びを全身で語り、握手を求めてきました。一人ひとりの手をしっかり握り、肩をさすり、拝みつつ、その方々が全身で語りかけてくださったたくさんの言葉に耳を傾けました。

〝他人《ひと》さまの手を借りずに自分で歩いてお便所へ行き、自分で自分の用を足すことができたら、どんなにうれしいことだろう〟

〝もし歩けたら、真っ先に亡き父や母の墓詣りがしたい！〟（社会復帰ができず、生涯を施設で過ごしている方がたくさんおられる）

〝わが子、わが孫の顔が見たい！　もしこの手が動いたら、わが子や孫のために好きな料理の一つも作ってやりたい〟

〝あなた方は、何の努力をしなくても、両方の足が自然に前へ出てくれて、歩くことができるじゃないか！　自分の汚した洗濯物も鼻歌まじりで洗って干すことができるじゃないか！〟

〝背骨を腰の上にまっすぐに立てていられるということだけでも大変なことなんだぞ。首や頭を背骨の上にまっすぐのせておくことができるということだけでも大変なことなんだぞ。普通に目や口を開いたり閉じたりすることができるだけでも、容易ならないことなんだよ。

どれ一つとっても、ただことでないそんな大変な命や働きを授かっていながら、そのありがたさに少しも気づいていないじゃないか。そのうちの一つが授かっただけでも、私らは天地がひっくり返るほどうれしいのに、そのすべてをはじめからいただいていながら、そのありがたさに気づかず、そんな大変な命をひっさげて、あなた方のやっていることは何だ！　どうでもよいようなことばかり、生きてゆく上においては末の末の、名誉とか利益とか、そんなものばかりをほしがり、追いかけ、奪いあっているではないか。途方もないこの命の尊さ、重さに気づけ！　気づけばおのずから、どう生きるべきかの答えはかえってこよう……〟

〝たとえようのない悲しみ、苦しみを通して、はじめて気づかせていただく本来授かっている命の、ただごとならぬ重みに気づけ！〟

一人ひとりが、体全体で、あるいは音なき拍手で語りかけてくれる声が、私の心の深みにビンビンと響いてきました。〝ああ、如来さまが、この方々の姿となってこの道場にあふれ、心の耳や目の開いていない私に、思いあがっている私に、むしろ心の障害者であり、しかもそのことに気づいていない私に気づけよ、目を開けよ、と語りかけてくださったのだ。近江学園の糸賀《いとが》先生が「この子らは世の光」とおっしゃったお言葉を、今こそ心から納得させていただくことができた〟と、その日の出会いを、いかなる人との出会いにも増して、うれしいものと感謝して、施設を後にしたことでした。

生きていくうえでは、名誉や利益は二の次

自分に何ができるか、
何ができないかをよく見極めましょう。
命の重さを知れば、生きる道が変わっていきます。

どことて御手の真中なる

紅葉の美しい三河《みかわ》の奥の香嵐渓《こうらんけい》のほとりのお寺へお話に参りました。山田無文《やまだむもん》老師ゆかりのお寺で、老師の書があちこちに掛かり、老師の生い立ちなどを聞かせていただくことができました。

老師はこのさらに山奥の武節《ぶせつ》という山村のご出身で、お父さまは息子を裁判官か弁護士にしたくて、東京（早稲田）へ遊学させたそうです。しかし老師は「人生の目的は何か」に悩み出し、勉強も手につかず、あちこち説教を聞いて歩き、とうとう親の反対を押し切り、寺に小僧として入ってしまいました。

しかし無理がたたって結核となり、病院からも見放され、故郷へ帰り、離れの部屋に隔離され、絶対安静というので毎日寝ていました。三度の食事も使用人がそうっと入り口に置き、逃げるように帰ってゆく。「みんなわしの死ぬのを待っとるんやな、わしはもう死ぬだけやな」と、絶望のどん底にあえいでおられました。

ある夏の朝、久々に縁側に這《は》い出してみたそうです。緑の深い木々の間を通ってきた風がスウッと胸の中に入った。とても気持ちがいい。ハッと気がつかれました。「空気がこの腐った肺の中まで入って、私を生かそうとしてくれている！」ということに。

「私は一人じゃなかった！　孤独ではなかった！　オギャアと生まれたその日から二十歳過ぎる今日まで、一秒間も休まず私を見守り、生かしつづけてくれていたじゃないか！」そう気がついたとき、泣けて泣けて泣けて。そのとき一首の歌ができました。

大《おお》いなるものに抱かれてあることを

けさ吹く風の涼しさに知る

限りなく大きな働きに生かされている生命であることに気づかれた老師は、その日から立ちあがり、健康もとりもどされ、遂には臨済宗妙心寺派の管長や花園大学の学長までも務められました。

私は昭和五十四年、第一回東西霊性交流（カトリックと日本の禅との交流）の日本代表として訪欧し、一ヶ月間修道院生活を経験したことがあります。そのときの団長が当時妙心寺派の管長職におられた無文老師で、八十歳とは思えないお元気なお姿であったことが、なつかしく思いおこされます。

無文老師は若き日、空気の存在を通して「大いなるもの」の存在に気づき、その働きによって生かされている生命であることに気づかれました。その働きがあなたを生かし、私を生かし、鳥を鳴かせ、花を咲かせ、この天地間の一切のものをつつみ、生かしてくれているのです。その働きを、幼子が〝お母さん〟と呼ぶように名をつけて呼びたい、眼に訴えて拝みたい。その切なる思いから象徴として表されたものが仏像であり、仏の御名なのです。

吉野山ころびても亦《また》花の中

これは深い信心に生きた柳宗悦《やなぎそうえつ》さんが、最晩年に『心偈《こころうた》』として書かれたものの中の言葉です。この偈《げ》にそえられた柳さんの言葉に耳を傾けてみましょう。

「立とうが、座ろうが、つまずこうが、倒れようが、どんな時でも処《ところ》でも、悉《ことごと》くが花の中での出来事に他ならぬ。実は荒涼たる人の世は、萬朶《ばんだ》の吉野山であったのである。行くところ、花に受け取られる身であったのである」

ああ、何という深い言葉でありましょう。あらためていうまでもありませんが、「花」という美しい言葉で御仏を、天地いっぱいの御仏の働きを、眠りこけている間も生かしつづけていてくださるその働きを語っておられるのです。

どんなに若く、どんなに美しく、またはなやかに生きた人も、やがては老いおとろえ、病み、死んでゆかねばなりません。たとえいかなる事態に立ち到ろうと、そのまま仏の御手《みて》の只中《ただなか》であることにかわりはなく、仏の御手からこぼれ落ちることは決してないというのです。やはり柳さんの、

どことて御手の真中《まなか》なる

の偈と共に、心の深みにとどめおきたい言葉です。

しかし、その働きに気づかないと、只中にいだかれつつも七顛八倒《しちてんばっとう》せねばなりません。その七顛八倒の悲しみがアンテナとなって、この働きに出会える。ちょうど無文老師が絶望のどん底でその働きに気づくことができたように。やはり悲しみ、苦しみは、〝アンテナを立てよ〟という仏さまからの慈悲のプレゼントだったのですね。

悲しみや苦しみは
仏さまからの慈悲のプレゼント

私たちは誰もが大きな働きによって生かされています。
そのことに気づくために試練が待ち受けているのです。

第二章

真理は一つ

天地悠久の真理の発見者

「坊主やってんですか⁉」

　名古屋駅で拾ったタクシーの運転手が、私の顔を穴のあくほど覗きこんで質問してきました。何か悪いことをしているのを、とがめだてするような厳しい響きがありました。

　私も思わず強い口調で答えました。

「坊主は職業ではない！　生きていくための手立てではない。生業《なりわい》でもない！

誰しもが、たった一度の、やりなおしのできない人生を、最高に生きたいと思う。

その最高の生き方、最後の落ち着き場所を求め求めて、行き着いた姿がこの姿になっただけのことで、坊主は職業じゃない！」と。

運転手はさらに「ああ、坊主は職業じゃないですか。私は宗教大嫌いです。宗教なんて人間が作ったものでしょう。人間が作ったものに人間が縛られるという法はない」と、第二の矢を放ってきました。私は答えました。

「宗教は、少なくとも仏教は人間が作ったものではない。何もないところから人間が作り出したものならば、お釈迦さまやキリストさまがどんなにご立派でも、二千五百年前（仏教）という、二千年前（キリスト教）という時代的制約から出ることもできないでしょうし、インドという、イスラエルという地理的制約からも一歩も出ることはできないでしょう。

お釈迦さまやキリストさまが、気づくと気づかないとにかかわらず行われている天地悠久の真理に、明らかな修行の眼で気づかれただけ、覚《さと》られただけのことであって、ないものを作り出したんじゃない。

この天地はいつからできたか知らないけれど、小さく地球だけを考えてみても、地球ができて四十六億年といわれています。四十六億年を一年に換算すると、地球上に生命が誕生したのは四、五月にあたるそうです。ソマチットという微生物が海で誕生した。その微生物が限りない進化をとげて、人間の姿となって現れたのが、四十六億年を一年に換算した場合、十二月三十一日の夜の十時過ぎだそうです。地球上において人類はもっとも新参者ということになります。

その人類の歴史が四十五万年。その中で人類が文化らしきものを持ったのは、わずかに一万年。今日世界三大宗教と呼ばれている仏教は二千五百年、キリスト教が二千年、イスラム教が千四百年余り。四十六億年の地球の歴史から考えて、ほんの一瞬前にお釈迦さまやキリストさまが世にお出ましくださって、天地の姿にめざめられ、天地宇宙はこうなっているんだ、その中で人の命もこのように生かされている。だからその天地の道理に随順して今ここを生きていこうじゃないか、とお説きくださった。そこに教えが生まれたわけで、何もないところから作り出したんじゃない」と申したことです。

増谷文雄《ますたにふみお》先生はお釈迦さまのことを「古道の発見者」と呼んでおられます。

「古」という文字は「十」と「口」から成り、十代口伝で相続されたこと、という意味を持っているとのことです。

一代を例えば五十年としても、五、六百年相続されたことを「古」といいます。どんなに大勢を動員して騒ぎ立てても、その教えが間違っていたら百年以内に消えてゆきます。五百年、六百年と相続されてきたというのは間違いのない教えの証拠。つまり「古」とは「真理」「真実」を意味する。「古道の発見」とは、したがって天地宇宙の悠久の真理の発見者ということです。

その古道にめざめた人を「古聖」又は「古人」と呼び、その教えを「古教」と呼び、その教えを命がけで求めようとすることを「稽古」というのです。道元禅師はしばしば「稽古の人よ」と呼びかけてくださっています。

「稽」は「稽首」などと熟語して、〝頭を地にたたきつけて真実の道を求めようとする〟という意味を持っています。言葉は時代と共に変遷して、今日ではお茶やお花の稽古などという浅い意味にしか使われていませんが、本来の意味を忘れてはならないと思います。

「教えはたかだか二千年、二千五百年、教えの原点は何億年。原点を忘れちゃならん」

これは余語《よご》翠巌《すいがん》老師がよくおっしゃった言葉です。原点である天地悠久の真理をつねに中核にすえた上で、時・処・位に従って教えを行《ぎょう》じてゆかねばならないと思うことです。

稽古とは、
教えを命がけで求めること

五百年、六百年と相続されたということが、
間違いのない教えであることの証拠です。

切り口しか見られないという謙虚さを

アメリカ、ヨーロッパなど文化圏の違ったところへ出かけるとき、あるいは同じ日本国内にあっても、宗教の違いとか、茶道や華道などの世界にあっての流儀の違い、そういうところへご縁をいただいて参るとき、まず第一に「真理は一つ、切り口の違いで争わぬ」の一言をわが心にいいきかせて参ります。

例えば円筒形の茶筒があるとします。横に切れば切り口は丸くなり、縦に切れば矩形《くけい》になり、斜めに切れば楕円《だえん》になるというように、切り口は違います。たった一つの真理の、その全体を見ることができるかどうかは別として、真理がいくつもあっては困ります。

何百年、何千年前と今とは違い、ヨーロッパと日本では違う。それは人間の約束事で――これを道徳律という――あって、これは時と処で変わるけれど、人間の約束事以前、人間が地球上に生まれる以前から行われている天地悠久の真理は、時と処を超えて変らないものでなければなりません。

ジェミニ9号をはじめ三度も宇宙飛行をしたジーン・サーナンは、立花隆氏の「内面的に宇宙体験から得た最大のものは?」という質問に対して、次のように答えています。

「神の存在の認識だ。神の名は宗教によって違う。キリスト教、イスラム教、仏教、神道みな違う名前を神にあてている。しかしその名前がどうであれ、それが指し示している、ある同一の至高の存在がある。それが存在するということだ。宗教はすべて人間が作った。だから神に違う名前がつけられた。名前は違うが、対象は同じなのだ」

「今、お釈迦さまのお生まれになったところを通り過ぎたと思うと、何秒も経たないうちにキリストの生誕地を通り越す。あるのはたった一つ。たった一つの真理を、見つけ出した人が違うから、違った名前と性格が与えられただけなんだ」と。

宇宙飛行士たちのインタビューを終えた立花隆氏は、「宇宙飛行士たちというのは、神の眼を持った人たちだと気づかせてもらった」と述懐しておられます。切り口の違いが、神となり、仏となり、あるいは法となっても、「真理は一つ、切り口の違いで争わぬ」の心と同じことを、神の眼を持った宇宙飛行士たちが語っていることを知り、おどろきと同時に意を強うしたことです。

次に第二段階として大切なことは、「切り口しか見ることができない」という謙虚さを忘れないということです。

私共は一つのことを見たり聞いたり判断するとき、自分のおかれている視点からしか見ることができない。自分の持ちあわせている目線の高さ、受け皿の大きさしか受けとめることができない。自分の生きてきた貧しい経験の範囲でしか判断できないんだ、という謙虚さがあれば、争いはおきませんでしょう。

笑い話がございます。信州の山の中で炭焼きをして暮らしている方と、佐渡の海で漁をして暮らしている方が、東京・浅草の観音さまにお詣りをし、一緒の宿をとったというんです。

「太陽はどこから出る」という話題になり、山で暮らしている方は「山から出て山に入る」といってゆずらず、海で暮らしている方は「海から出て海に入る」といってゆずりません。どうしても話がまとまらず、宿の番頭さんに仲裁をたのんだら、「屋根から出て屋根に入る」といったというんです。

他人事《ひとごと》ではありません。私共は毎日これをやっているんだという自覚がなければならないでしょう。

切り口しか見ることができないのに、その自覚がなくて、間違いなく見ている、判断していると思いますから、自分の見方や考え方を相手に押しつけ、当然にくい違うと、相手に訂正を求める。そこに争いや、いがみあいが起こります。どんなに努力しても、一部しか見ることができない、切り口しか見ることができないんだという謙虚さがあれば、争いは生まれませんでしょう。

道元禅師が『正法眼蔵』「現成公案」の中で、「参学眼力《さんがくがんりき》のおよぶばかりを見《けん》取《しゅ》・会《え》取《しゅ》するなり」と示しておられます。自分の学びの範囲、目線の高さ、受け皿の大きさしか受けとめることができないんだよ、と仰《おお》せなのです。限りなく学ぶことで、少しでも高く、少しでも深く受けとめていきたいと思うことです。

自分の学びの範囲でしか
判断できないと気づく

自分の見方や考え方を相手に押しつけ、
それが正しいと思うところに争いが生まれます。
見方はいろいろあるのです。

切り口の違いは尊重しあい、学びあってゆこう

さらに一歩進めて、「切り口の違いは必要あって生まれたものであり、学びあい、尊重しあってゆこうじゃないか」という姿勢が大切であろう、ということについて考えてみようと思います。

中国に「南船北馬」という言葉があります。中国は広いですから、南半分はモンスーン地帯の農耕文化で、菜食が中心。これは船の文化であり、水の文化であり、やわらかな曲線の文化といわれております。「母なる太陽」というように、母という姿が表に出ています。

一方、北馬と呼ばれる北半分は、山岳と砂漠で、遊牧民族、騎馬民族の文化です。厳しい自然環境の中で育った文化、小麦と肉の文化であり、南の曲線の文化

に比べて、直線の文化と呼ばれております。

インドもモンスーン地帯といっていいでしょう。インドに育った仏法が、中国の南半分――南船――を経由して日本に入りました。この中国の南半分で育ったのが「道教」――タオ・イズム――です。仏法はこの道教に影響を与えながら、また道教の使う言葉を仏教の言葉として消化しながら中国的展開をし、日本へやって参りました。日本も間違いなく温暖なモンスーン地帯の農耕文化で、砂漠を持たない緑ゆたかな文化の世界です。

それに対して、キリスト教もイスラム教も、砂漠に生まれ育った宗教です。同じ太陽でも「父なる太陽」と厳しい姿に変わり、ローマ法王も「パパさま」と呼ばれるゆえんでありましょう。

このように育った環境により、見つけ出した人により、違った名前と性格が与えられることは自然のなりゆきと申せましょう。自然環境が、そこに生きる人たちの感性を育て、あるいは文化を育ててゆく。それを尊重しあい、学びあってゆこうという姿勢こそ、大切と申せましょう。

例えば、四季の変化が豊かな大自然が育てた日本の文化を、言葉という面で見るならば、桜や梅は「散る」といい、椿は「落ちる」といい、牡丹《ぼたん》は「くずれる」といいます。萩は「こぼれる」といい、朝顔などは「しぼむ」といいます。「花が散る」ということを表現するのに、これだけきめこまかな使い分けをし、多くの語彙《ごい》を持っている国はあまりないのではないかと思われます。砂漠ではこれが通用しないかわりに、砂の変化を表す言葉がたくさんあると聞いております。そのように、切り口の違いは必然的に生まれたものであり、そこに生まれ育ったものにとっては、故郷に通う思いがあるわけです。

島崎藤村の言葉に「血につながるふるさと、心につながるふるさと、言葉につながるふるさと」というのがあります。この言葉が象徴するふるさとへの思いは、理屈抜きの感情であるだけに根強いものがあり、これも、切り口の違いを大切にする上において、忘れてはならない一つの要素といえましょう。

自然環境が感性を育て、文化を育む

水の文化と砂漠の文化が違うのは当然。
それぞれのよさを認めあう、
度量の広さを身につけましょう。

教えは今ここで生演奏するための楽譜

お釈迦さまのことを梵語《ぼんご》で「仏陀《ぶつだ》」とお呼びし、「覚者《かくしゃ》」と訳します。天地悠久の真理に「めざめた人」「悟った人」という意味です。その天地悠久の真理、時と処を超えて変わらぬ真理を「法」という文字で表す。表意文字の漢字はよくできております。「氵《さんずい》」に「去る」という文字構成、つまり水が流れ去るという姿で真理を語ろうとしている。少なくとも引力のある地球上にあっては、水は高きから低きに向かって流れるというのは、時の古今を超え、処の東西を超えて変わらない真理です。

インドではこれを「ダルマ」と呼び、「真理」と訳され、中国へ来て「経」と訳されました。「経」は「たて系」という意味を持っています。人と人との約束事は時と処で変わり、これを「律」と呼び、「法」の「たて系」に対し、「よこ系」といえましょう。

沢木《さわき》興道《こうどう》老師の言葉に「お茶の飲み方に流儀はあっても、胃の消化の仕方に流儀はない」というのがあります。お茶の飲み方には、たとえば表千家流とか裏千家流というのがありますが、胃が表千家流に消化するということはありません。この「飲み方に流儀がある」というのが人と人との約束事で道徳律にあたり、「胃の消化のしかた」というほうが「法」といえましょう。

時と処を超えて変わらぬ真理、「法」にお釈迦さまが明らかな修行の眼で気づかれた、覚られた。そこで「法」の上に「仏」の字がついて「仏法」となった。「天地宇宙はこうなっている。その中で人の命もこのように生かされている。だからその天地の姿、働きに準じて今ここを生きてゆこうじゃないか」と、人の言葉を借りてお説きくださった。そこに教えが生まれ「仏教」となり、それが文字に托されたものが「お経」。それが今ここでの私共の実践道ですから「仏道」となった。道元禅師が「仏法、仏教、仏道」と呼びかえられている意味の深さを、しっかりと受け止めておかねばならないと思うことです。

仏法——仏教——仏道を、わかりやすく作曲家、楽譜、生演奏にたとえてみましょう。二十年も前のことになりますが、還暦を迎えたとき、こんな歌を作りました。

還暦の峠を越えてあらたなる
　また旅立ちをするぞうれしき

人生に退職はない。最後まで本番、最後ほど本番、最後ほど仕上げどき、よし！　やるぞ！　そんな思いで作った歌です。この歌をある音楽にたずさわった方が作曲して楽譜にうつして送ってくださいました。音楽の素養のない私は、楽譜を見ただけではわかりません。困って、お茶の稽古場でこの話をしたところ、学校で音楽の教授をしているという人が歌ったり生演奏してくれまして、ようやくわかり、また感動も致しました。

お釈迦さまや親鸞《しんらん》さま、道元さまという、世にたぐいない方がお出ましくださり、〝天地宇宙はこうなっている、その中で人の命もこのように生かされている。だからこう生きてゆこう〟とお説きくださった。この仏祖方を作曲家にたとえ、人の言葉を借りてお説きくださった教えを文字に託したお経は楽譜にたとえてもよいかと思います。

私のように楽譜の読めないものには、どんなに名曲が書かれていても、一枚の反故《ほご》と何ら変わりはありません。そんな私でも生演奏に会うと感動致します。楽譜は間違いのない生演奏をするための手引きであり、生演奏するところにはじめて生命が与えられ、生命と生命とがぶつかりあって感動の中に、二千五百年、法が伝えられ、今日に到っているのです。仏法が「人格相伝」と呼ばれるゆえんです。

仏祖方の教えである楽譜を、具体的に今ここの私の生き方として、どう生演奏するか、を問わない生き方を、沢木興道老師は「立見席の仏法」とか、「傍観者の仏法」とか「ことづけ仏法」と呼んで誡《いまし》めておられたことを忘れません。

ある講演会場で、お話の終わったあと、一人の方から質問がありました。「お経は死んだ人に読むものか、自分の足もとに向かって読むものか」と。いい質問です。もちろん「わが足もとに向かって読むものです」とお答えしたことです。

人生に退職はない。最後まで本番、最後ほど本番

お経という楽譜に書かれた仏教のすばらしさは、生演奏してこそわかるものです。

仏の教えというものは生きているうちに聞くもの

Ｋ寺のお授戒《じゅかい》の説戒師というお役をいただいて出かけました。説戒師というのは戒師に替わって法を説くという重要なお役です。Ｏ駅でタクシーを拾い、「Ｋ寺へ」と行き先を指示したところ、Ｋ寺で授戒会が行われることを知っておられ、「お授戒に行くと戒名がいただけるというんですが、戒名って何ですかいなあ」と、運転手が質問してきました。私は車の運転にたとえて答えました。

私は車の運転ができないから、例えば自坊に帰ると、弟子の運転する助手席に座ります。助手席に座っているというのは気楽なもので、景色をたのしんだり、美しい花があればどこでもかまわず車を止めてもらいたかったり、急ぐときは赤信号を無視して走ってくれないかなと思ったり……。勝手気ままな妄想をめぐらせておりますが、もしその気ままな思いを優先して運転したら、たちまち交通事故をおこすでしょう。ちょうどそのように、私の人生という大道を、私という車を運転してゆくにあたり、気ままな私の、ああしたい、こうしたいの思いのままに運転したら、たちまち、私の人生道においての交通事故をおこしてしまうことになります。マスコミをにぎわしている事件のおおかたは、この人生道の交通事故ではないでしょうか。

気ままな私の思いがおこるのは仕方のないことであるけれど、それがあばれ出さないように上手にお守《も》りして、ただ一度の私の人生という大道を、天地の道理という運転ルールにしたがって運転する。この天地の道理を「仏戒」といいます。たった一度の私の人生という大道を、仏戒にしたがって運転していきましょう、とふんぎりをつけたときいただくのが「戒名」なのです。

いわゆる車の運転免許をとるときも、まず運転ルールを知識としてしっかり学び、次に実習に入るように、人生道の交通ルールである仏戒、つまり天地の道理、その中で生かされている人の生命のあるべきようを、しっかり学ばなければ、私の人生道をどう運転してよいかわかりません。一刻も早く、聞く耳のあるうちに、聞いて実行する体のあるうちに、天地の道理という人生道の交通ルールを学び、実践することで、私の人生道の交通事故を少しでも少なくしてゆかねばならないのです。

一般的には戒名は死んでからいただくもののように思われていますが、そうではありません。戸籍に登録された名前はこの肉体をいただいたときにつけられた名前。戒名は〝たった一度の人生を、この教えにしたがって悔いなく生きましょう〟と、ふんぎりをつけたとき、つまり心の誕生にいただく名前なのです。

一休さんのこんな逸話が伝えられています。大金持ちのご主人が亡くなり、お通夜にたのまれてゆかれました。一休さま、亡くなったご主人の枕元に端然とお座りになったまま、いつまで経ってもお経をはじめようとなさらない。後ろでかしこまってお詣りしていた人々が、とうとうしびれをきらして「一休さま、いつになったらお経を読んでくださるのだろう」とボソボソいい出しました。

これを聞いた一休さまは家人に向かっていわれました。「亡くなったご主人が一生涯愛用していた金槌《かなづち》を持ってきてくれ」と。

お通夜のお経を読むのに何故金槌が必要かと不審に思いながら、亡くなったご主人が一生愛用していた金槌を持ってきてさし上げました。一休さま、その金槌を受け取るや否や、亡くなったご主人の頭をポカリとたたいたのです。お詣りしていた人々がおどろき、口をそろえて怒りました。「いくら一休さまでも、亡くなった主人の頭をたたくという法はない」と。

一休さまは皆さんに向かって、「亡くなった主人は、私に頭をたたかれて痛いと申したか？」と尋ねられ、誰もお返事ができませんでした。一休さまはしずかにおっしゃいました。

「仏の教えというものは、生きているうちに聞くものじゃ。一生涯愛用していた金槌で自分の頭をたたかれて、痛いともいえなくなってからでは遅いのじゃ」と。

生きているうち、聞く耳のあるうち、聞いて実行する体をいただいているうちに、一刻も早く仏の教えを聞かせていただき、今ここの人生運転を、少しでもあやまりなきものにしていきたいと思います。

聞く耳のあるうちに、聞いて実行する体のあるうちに学ぶ

人生道で事故をおこさないために、
仏法という交通ルールがあります。
人生の運転免許を持っていますか？

宇宙船地球号に乗りあわせた兄弟・仲間

小諸《こもろ》なる古城のほとり
雲白く　遊子かなしむ

初秋の一日、島崎藤村の詩碑で有名な、信州・小諸の懐古園《かいこえん》を訪ねました。懐古園で坐禅をし、行き来の人に草笛を吹いて聞かせておられる横山祖道《よこやまそどう》老師と、NHK「宗教の時間」に、「草笛説法」というテーマで対談すべく、その打ちあわせのために。同行はNHKのディレクターの金光寿郎《かなみつとしお》氏でした。

懐古園の道に出て待っていてくださった老師に案内され、竹藪《たけやぶ》の陰の芝生の上という奥座敷へ。老師は拾いあつめてあった枯枝を折っては七厘にくべ、鍋をかけられました。お湯を沸かし、お茶を点《た》ててくださろうとされているのです。煙をたゆたわせながらしずかに燃え出した七厘の火を見つめながら、老師が最初におっしゃった一言が、今も忘れられません。

「この地上に住むすべてのものが、大空という一つ屋根の下の、大地という一つ床の上に住む兄弟・仲間じゃないか。それを境などを作って、取った取られたと限りない争いを繰り返す。残念なことですなあ」

さらに、彼方にそびえる浅間山を指さし、「あれはわが家の築山じゃ」と語られました。

世に「宿なし興道」と呼ばれた沢木興道老師の弟子である横山祖道老師も、生涯寺を持たず、沢木老師亡き後、小諸に移り住み、農家の納屋に起き臥《ふ》し、懐古園の竹藪の陰で坐禅をするという数奇な晩年を送っておられました。「放てば手に満てり」という禅の言葉がありますが、捨て果てた老師にとって、天地いっぱい、いずこもわが故郷、いずこもわが家。そしてその中に住むすべてのもの、人ばかりではない、動物も草木もすべてもれなく一つの生命に生かされている兄弟なのです。

「我々が宇宙から見た地球のイメージ、全人類共有の宇宙船地球号の真の姿を伝え、人間精神をより高次の段階に導いていかねば、地球号を操縦しそこなって、人類は滅んでいく。人間はみな同じ地球人なんだ。国が違い、種族が違い、肌の色が違っていようと、みな同じ地球人なんだ」

これは、アポロ15号で月面に着陸し、三日間にわたって月探検をなしとげた宇宙飛行士のジェームズ・アーウィンの言葉です。アポロ7号に乗ったドン・アイズリはこう語っています。

「眼下に地球を見ているとね。いま現に、このどこかで人間と人間が領土やイデオロギーのために血を流し合っているというのが、ほんとうに信じられないくらいバカげていると思えてくる」

これら宇宙飛行士たちの言葉は、立花隆氏がその著『宇宙からの帰還』の中で紹介しているものの中から引用したものです。立花隆氏はさらにジェミニ9号をはじめ、三度も宇宙旅行をしたジーン・サーナンに対し、「内面的に宇宙体験から得た最大のものは？」と質問し、彼から次のような答えを得ています。

「神の存在の認識だ。神の名は宗教によって違う。キリスト教、イスラム教、仏教、神道みな違う名前を神にあてている。しかしその名前がどうであれ、それが指し示している、ある同一の至高の存在がある。それが存在するということだ。宗教はすべて人間が作った。だから神に違う名前がつけられた。名前は違うが、対象は同じなのだ」

これら宇宙飛行士たちの話を繰り返し聞いているうちに「私は宇宙飛行士とは『神の眼』を持った人間なのだということに思いあたった」と、立花隆氏は述懐しておられます。

禅の言葉に「異中来也還つて明鑑」（『従容録《しょうようろく》』）というのがあります。人類の中だけにいては見えないもの、人類の外へ出てみないと見えないものがあります。

「人間の世界の外から見ているから、人間のことがよくわかる」というほどの意味といえましょうか。

良寛さまの詩の一句に「人間の是非一夢の中」というのがあります。人間の是非善悪のモノサシはいいかげんなものだというのです。「毒蛇」だの「害虫」という呼び名は、人類にとって都合の悪いものであるにすぎないのであって、いずれも漏《も》れなく宇宙船地球号に乗りあわせた兄弟・仲間であることを忘れてはなりません。「出会うところ、わが生命」として心を運べ、とつねづねおっしゃった内山興正老師のお心もこれであろうと思うことです。

私たちが持つ、善悪のモノサシは一つではない

自分にとって都合の悪いものを
「害虫」にしてしまうのが私たち。
そのモノサシはいいかげんなものです。

つねに出発点に立つ思い

還暦の峠を越えてあらたなる
また旅立ちをするぞうれしき

いつのまにかお釈迦さまの歳をも超えてしまいましたが、この歌は二十余年前、還暦を迎えたときの思いを詠じたものです。人生に退職はありません。最後まで本番、最後ほど本番、最後ほど仕上げどき。そんな思いで、たまたまお茶の初釜で居あわせた生徒たちにこの歌を披露し、二度目の暦の旅立ちを致しました。

二年先ぐらいまで日程がいっぱいで、風邪ひき日程というのが作ってないため、一度風邪をひくとこじらせてしまいがち。還暦の年の六月、とうとう肺炎に追いこんでしまいました。お茶の生徒から見舞いの手紙が来た中の一つに、「元気で二度目の暦の旅立ちをされた先生が、肺炎で一服ですね。ゆっくり休まれて、また元気になって旅をつづけてください」と書かれてありました。夜、熱やら咳《せき》やらで眠れないままにこの手紙を読み返して思いました。「一服ではない。これが景色だ」と。

最初の六十年は一家の主人公として、あるいは社会でのいろいろな配役をいただいて忙しく、それなりに生き甲斐もありましょうが、忙しさにかまけて足も心も宙に浮きかねません。二度目の暦の旅は、一応第一線から一歩退いて、自分自身と向かいあう時間が多くなる。生老病死という言葉で一生を表すならば、老病死という景色がひんぱんに出てくるのが二度目の暦の旅の景色。むしろ老いを見据えて人生を深め、病を見据えて人生を深め、死を見据えて人生を深める。死を忘れたら生も呆《ぼ》けます。老病死を人生を深めるチャンスといただき、さらに一歩進めて景色をたのしんでいきたいと思います。

いかなる老いが来ようと、死がこようと無条件にいただいてゆく人生ではありますが、願わくは「老化」の「化」の上に「艹《くさかんむり》」をつけたい。つまり「老花」でありたい、と思い、そんな返事を書いたことでした。

癌は　私の　見直し人生の
ヨードンの癌でした
私　今　出発します。

鈴木章子《あやこ》

これは、北海道・斜里《しゃり》町のお寺の奥さま、鈴木章子さんの詩です。章子さんはいいます。「人生はやり直しはできないが、見直し、出直すことはできる」と。癌のお陰で死を見据える眼が深くなり、一日いただくことができた生命の限りない重さにも気づかしていただくことができ、はじめてこの生命、どう生きたらよいかも見えてきた。

死は終着点ではありません。出発点です。よし、やるぞ！　というのです。

「乳癌だけでは気づかないボンヤリ者の私のために、肺癌、転々移という癌までくれまして、〝章子よ、目覚めよ〟との如来さまの大慈悲の贈り物であった」と感謝しつつ、四十七歳の生涯を閉じられました。

道元禅師は「道窮《きわま》りなし」と仰せられ、加藤唐九郎《かとうとうくろう》さんは、「作陶は八十歳からが本番です」と語っておられます。深まるほどに足りない自分に気づきながら、つねに出発点に立つという初々《ういうい》しい思いで、人生に立ち向かっていきたいものです。

人生に退職はない

老い、病気、死は人生を深めるチャンスと考え、
人生の景色をたのしみましょう。

第三章

愛を着せ、愛を食べさせる

手仕事で子供の心を育てる

「下農は草を作り、中農は作物を作り、上農は土を作る。教育の畑の土作りは親作りだ。作物である子供を何とかしようと思っても、土である親や家庭が駄目なら駄目なんだ」

これは愛の教育に生涯をかけられた東井《とうい》義雄《よしお》先生がつねづねおっしゃっていた言葉です。この東井先生が私の寺へお越しくださった折、こんなお話をしてくださいました。

「この頃学校給食が行き届いて、お母さん方が、自分の子供のためのお弁当を作る手間がはぶけて楽になったといえばそれまでですが、愛を伝えるもっとも端的な方法を失ったということにおいて大変に残念に思っております」

子供たちがお母さんの手作りのお弁当をいただけるのは、遠足とか運動会とか、一年のうち数えるほどしかありません。

春の遠足の折、子供たちがどんなお弁当を持ってきているかと見てまわって、私はさびしくなりました。町の寿司屋さんの寿司を持たせてもらっている子が何人もいるのです。

間もなく修学旅行が行われました。一食、弁当持参とあります。そこで私は全部のお母さん方にお願い致しました。

「お母さん方、お忙しいでしょうが、いつもより早く起きてご飯をたき、しっかりと心をこめておむすびを握り、それにどんな気持ちでこのおむすびを作ったか、その心を手紙に書いて添えておいてあげてください」

大阪国際空港の近くでお昼になりました。お弁当の包みを開いた子供たちはおどりあがってよろこんでおります。私の隣りにいた森木君は目に涙をいっぱいためて手紙を読んでいましたが、やがて、丁寧に畳んで、そっと胸のポケットにおさめました。見せてくれるように頼みますと、「先生、あげるんと違うぜ、ちょっとだけ見せてあげるけど、すぐ返してよ」と念をおして見せてくれました。

あとで書かれた旅行記によりますと、森木君はその晩、奈良の宿で寝る前にもう一度お母さんの手紙を出して読み、「お母ちゃん、無事に奈良の宿に着きました。安心しておくれ。明日も気をつけてがんばるからね。おやすみ」と、お母さんとお話をしているのです。

また恵ちゃんは旅行記にこんなことを書いてくれました。

「弁当の包みを開いたら、おむすびが出てきた。手紙がついていた。それを読んでいるとお母さんの顔が浮かんできた。すると、おむすびだけじゃない。私の着ている服も、忙しいお母さんが心をこめて縫ってくださった服であることに気がついた。飾りについている刺繍《ししゆう》も、一針一針お母さんの心がこもっているのだと思うと、百二十四人の六年生の中で、私が一番幸せ者だと思われてきた。そして、私もお母さんになる日が来たら、お母さんのようなお母さんになりたいと思いました」

心はやはり通じるものなのですね。

カロリー計算をして栄養のあるものを食べさせておけば、子供の体は育つかもしれません。けれども、人間として大切な心を、うるおいある人間らしい人間としての心を育てるためには、豊かな愛という栄養を食べさせなければならないのです。インスタント食品や店屋物だけで育てたら、子供の心は育ちません。愛を食べさせ、愛を着せてこそ、人間らしい人間としての心が育つことを忘れてはなりません。

ぜいたくな食事やしゃれた洋服でなくてもいいのです。食べるものが少々貧しくても、着るものが粗末でもよいのです。「お母さんになる日が来たら、お母さんのようなお母さんになりたいと思います」「お父さんになる日が来たら、お父さんのようなお父さんになりたいと思います」と、胸を張っていえる、そんなお父さん・お母さんを持つことのほうが、子供にとってどれほど幸せかわかりません。

母の手作りのものから愛を教わる

子育ては親育てでもあります。
母の思いが子供を幸せにします。

母へ送ったカタカナの般若心経

私は愛知県の一宮市《いちのみや》に生まれました。父は書の道と漢籍に親しみ、志を遂げていたら書家になっていたでありましょうが、三十代半ばに病にたおれ、十五年の療養生活の末、五十二歳で他界しました。四十五歳のとき、少し病気が小康状態になった折、私を作ってくれたようです。

私の家は浄土宗でしたが、祖父が御嶽教《おんたけきょう》の先達《せんだつ》をしておりました。大勢の講中をひきいた大変力のあった先達であったと伝え聞いております。家には御嶽山をかたどった大きな築山《つきやま》があり、中を巡礼できるようになっており、講中の方が毎朝お詣りに来られたり、月一度のお講が勤められておりました。

私が生まれるより十五年も前にその祖父は亡くなり、父は体が弱かったのでその道には進みませんでしたが、先達の家というのと、祖父が育てた先達たちが存命のうちは、私の実家で月々のお講が勤められていたことを記憶しております。

私が母の胎内に宿ったとたんに、この祖父がお講の折、お座に出てこられ、「この度、おなかにできた子は出家するであろう」と予言したそうです。父の体が弱かったため子供も少なく、久々に子宝が授かったと喜んでいた矢先のこの託宣。両親にとっては悲しいこの託宣にしたがい、母は坊さんになる子を産むのだと覚悟をさせられたようです。

生まれると同時にこの祖父がまたお座に出られ、「信州で出家するであろう」と、ことこまかに予言したとのこと。信州の無量寺《むりようじ》で住職していた伯母の周山尼《しゆうざんに》がこれを伝え聞き、おどりあがってよろこび、五歳になるのを待って迎えに来たというのがことの次第です。

伯母が迎えに来た日、母は悲しくて悲しくて、一日、遠い畑で泣いていたようです。私はいい洋服を着せてもらったのがうれしくて、伯母である師匠についていきました。四月八日、名古屋は桜が満開で、日泰寺《にったいじ》にお詣りをし、甘茶をいただき、七時間かけての汽車の旅を経て、無量寺の門をくぐったことを記憶しております。

伯母の周山尼は大変あたたかい人でしたが、小僧教育という一面では徹底して厳しい人でした。三百六十五日、一朝も寝坊は許されず、暗いうちから起き出し、本堂で一時間のお勤めを、伯母の横に座って致しました。信州の冬の本堂は零下十度を下まわる日がつづきます。もちろん暖房などありません。

朝のお勤めのほかに、毎日一時間ほどお経を教えていただく時間がありました。五歳の頃は口うつしで覚えます。はじめに習ったのが『舎利《しゃり》礼文《らいもん》』、二つめが『般若心経《はんにゃしんぎょう》』。一つ覚えると母へ報告の手紙を出しました。

〝『般若心経』を覚えました〟とカタカナでハガキを出したところ、母から手紙が参りました。

「お前は小さいのによく早く覚えたね。お母さんはこの年になっても覚えられなくて、いつまで読んでも『般若心経』が終わらないんだよ。私のために『般若心経』をカタカナで書いて送っておくれ」と書いてありました。

私は得々として、母より先に覚えたとばかりに、カタカナで『般若心経』を書き送りました。

ずっと後になり、十一歳も年上の兄が、「あなたが五歳のときに書いて送ってくれたカタカナの『般若心経』を、母は生涯宝物のように大切にして懐中にしまい、ときどき出しては読み、涙をふいていたよ」と語ってくれ、遅ればせながら母の親心に気づかせてもらったような次第です。

御嶽教というのは神仏両方にまたがるいわゆる両部《りょうぶ》信仰で、『般若心経』を読みます。私の実家の奥座敷の一間は仏壇、一間は神棚で、母は誰よりも早く起きると、まず新しいお水を神棚と仏壇の両方にあげ、『般若心経』をお唱えしてから台所に立つというのが、生涯の日課だったのです。母が『般若心経』を読めなかったはずはないのです。

泣く泣くであろうと、ひとたび覚悟をしてわが子を坊さんにするべく送り出した以上、何とか一人前の坊さんになってほしいとの母の切なる願いが、こういう形になって教えてくれたのだと、気づかせてもらいました。

『般若心経』には「故心《こうしん》」と「故得《こうとく》」という似たところがあり、そこを間違えるとすぐ終わるか、いつまでたっても終わらないという難処があります。そこをそれとなく教えながら激励してくれた母の親心を思うことです。

子供が一人前になれるよう、成長に合わせて手助けをする

面と向かって諭すだけが教育ではありません。
子供がそうと気づかないようなやり方で教えるのが親心です。

母の手織りにつつまれて

母は機《はた》織りが好きでした。というより、共に過ごすことのできない私のために、やむにやまれぬ思いであったかと思います。「おまえの一生着るものは織り残したい」と、近隣二、三ヶ町村あわせても誰も蚕を飼わなくなっても、がんこに蚕を飼いつづけ、自分で糸を紡ぎ、「お前の好きな色は何か、似合う色は何か」と、お坊さんになる前は娘らしい美しいものを、お坊さんになってからは、法衣《ころも》、お袈裟《けさ》、被布《ひふ》から帯に至るまで、織り残していってくれました。

十五歳で得度して早くも七十年。一筋一筋心をこめて糸を紡ぎ、織ってくれた法衣や着物は、七十年を経てもシャキッとして薄切れもしません。どこへゆくときも一枚は母の手織りを身につけていきます。先日もフランス、イタリア、ドイツと巡回布教して参りましたが、母が織ってくれた帯をしめて参りました。

母逝《ゆ》いて四十余年。あの世とこの世をへだてましても、母の手織りを着るとき、母のぬくもりを全身にいただき、母の見守りの中に、祈りの中に生きる、そんな気がして力強く生きてゆくことができます。

私のためにお坊さんの衣装を織りつづけていたその母が、一方ではひそかに、私が生まれたその日から、私の嫁入りのための貯金もしつづけていたようです。私が出家する前の名前——父が『詩経』に出てくる親子三羽の鶴の愛の物語から三鶴子《みづこ》とつける——で三十年余り貯金をしていたとのこと。十五歳で剃髪《ていはつ》して尼僧堂で修行し、さらに東京に出て駒澤大学や大学院や研修所に十一年も遊び、三十一歳で母校である尼僧堂の講師としてもどるまで、その貯金はつづいていたようです。

三十一歳のとき、母は着るはずもない打ち掛け——それも私の名にちなみ鶴の刺繡の打ち掛け——やら帯やらの花嫁衣装を、布団などと一緒に送って参りました。着ることのない花嫁衣装を送らないではおれない母の気持ち、万一、私が結婚したいといい出したら、たとえ「還俗《げんぞく》」と非難されようと、母は受けて立とうと準備していたのでしょうか。一方では僧侶としての衣装を、一方では花嫁衣装を、どうなっても受けて立とうとする母心というものでしょうか。その打ち掛けや帯などの花嫁衣装は、本堂の柱かけや壇打ち敷きなどの荘厳道具《しょうごんどうぐ》に縫いなおし、何十年来、色もあせずにかかっております。

道元禅師は『典座教訓《てんぞきょうくん》』――料理をする者の心得――の結びとして、喜心《きしん》、老心《ろうしん》、大心《だいしん》の三心を説かれています。どんなことも幸いと受けていこうじゃないか、これが喜心。すべての人や物に対し、わが子を愛する父母の心のような老婆親切を運べ、これが老心。どんな人も、どんなことも、無条件に受け入れていく海や山の心、これが大心。その中の「老心」のところで次のように示しておられます。

「自身の貧富を顧みず、偏《ひとえ》に吾《わ》が子の長大ならんことを念《おも》う。自《みずから》の寒きを顧みず、自の熱きを顧みず、子を蔭《おお》い子を覆《おお》う、以《もっ》て親念切々《しんねんせっせつ》の至りと為《な》す」

ここで「おおう」という言葉を二字で使い分けておられます。寒いときは自分の着ているものを脱いで子供を覆い、子供を寒さから守り、暑いときは自分が涼蔭となって子供を暑さから守る。これが親心というものでしょう。

この「おおう」ということで考えさせられることがあります。親が子を、師が弟子を、先輩が後輩を育てるとき、つねにこの親心があってはじめてすこやかに育つのだと思います。同じ「おおう」でも、そこにきめこまかな親心が行き届いていないと、逆に伸びる芽を摘んだり、萎縮させてしまうことにもなりかねません。伸びる芽の強さや性質により、多少の霜に遇《あ》わせたり、強く踏むことで根をしっかり張らせるようにすることも、大切な心の運びですから。例えば麦のように。

そのものの性質や情況をきめこまかく観察し、見守り、祈り、待つ。見守るのと見張るのとでは大きく違うことを心に銘記しましょう。見張ったのでは人によっては萎縮してしまいます。深い愛を持って見守り、祈り、待つ。これが大切な心の運びでしょう。芽の持っている力によっては、寒さを覆い、あるいは緑蔭となり、ときには覆いを除いてのびのびと伸びるのを見守り、多少の失敗は見逃し、祈り、待つ。親念切々の老婆心とはそういうものではないでしょうか。

この老婆心のよき手本として道元禅師は、父母のわが子に対する心をのべられ、その心をすべての人や物に、例えば鍋・釜や一粒の米や一枚の菜にまで運べと仰せられます。

不特定多数の母でありたいという大それた誓願が、私がこの道を択んだ一つの理由でもありますが、はるかにはるかに遠い自分でしかないことを慚愧《ざんき》するのみです。

母の見守りの中で、力強く生きる

見守るとは、多少の失敗は見逃して、祈り、待つことです。
あの世とこの世をへだてても、母の見守りは続いています。

教えないという親切

無量寺は間もなく四百年の歴史（寛永四年開創）を持つ寺ですが、明治の廃仏《はいぶつ》毀釈《きしやく》の嵐の中で廃寺となり、本堂の須弥壇《しゅみだん》の上まで、村の子供たちが、鬼ごっこやかくれんぼで駆けあがるほどに荒廃していたようです。そこへ伯母の周山尼が二十六歳の若さで、九歳の従妹である米子《よねこ》さん（後の仙宗尼）を弟子として連れて入山し、復興に生涯をかけられました。檀家はなく、まったくの自給自足の寺でした。春蚕から晩秋蚕まで年四回の蚕を飼い、田も畑も一鍬《ひとくわ》一鍬手作業で掘りおこし、晩秋になると山の手入れや炭焼きまでも、二人の師と共に勤めさせていただくことができました。

五歳で入門して、まずはかわいいビクを腰にさげ、師の後について桑摘みを、

ります。
七歳、十歳と成長するにしたがって桑摘みの籠《かご》が大きくなったことを記憶しておりまます。

秋の刈り入れが終わり十一月頃になると、夏中働いて汚れた衣類を洗い張りして、冬の間に縫いなおす。これが仙宗尼の仕事の一つでした。木枯らしの吹く中を、庭の木から木へとハンモックのように布を張り、伸子張り《しんしば》りをするのです。

私が小学校の頃のこと、師の伸子張りの手伝いをしました。師は手の早い人でしたから、私も負けじと針を布に打っていきました。布目に沿って伸子を打たねばならないのに、それを知らない私は、何でも針をさせばよいと、布目を無視して針を打ちました。

布が乾いたところで師が〝取り入れてきて畳め〟といいます。布目に沿って針を打った師のところはきちんと畳めるのですが、布目を無視して針を打った私のところは、斜めにのびた形で乾いていて、畳むことができません。困っている私に、師ははじめて口を開きました。

「畳みにくいだろう。昔から〝仕事は仕事から学べ〟といってな、うまくいかなかったら、どうしたらよいかを考えるんだよ。それでわからないようではしょうがない」と。

結局は翌日もう一度水につけて伸子張りの仕直しをしなければならない。一番の被害者は師匠なのです。もし私ならはじめから〝伸子張りをするときは、布目にあわせてこうやってやるのだ〟と教えるでありましょう。人によってはモタモタの子供に手伝わせるより、自分一人でやったほうが手っ取り早い。それでも自分でやれば、そしてやっている姿を子供に見せればよいが、今はほとんど専門店へ出して自分ではやりません。

教えず、痛い思いをさせ、何倍かの時間と労力をかけ、骨身にしみて覚えさせる、という親切はなかなかできません。

自分が教えねばならない立場に立つほどに、師の「仕事は仕事から学べ」の一句、〝教えない親切〟という老婆心を思い、実践のむずかしさを思うこの頃です。

無量寺での私の生活は、朝、暗いうちに起きてまず本堂で約一時間の勤行。それから時間ぎりぎりまで養蚕なり掃除の手伝いをし、学校へ走り出す。中学まで約五キロの道を走りながら本を読みました。私の勉強時間はこの学校の往復の時間だけでしたから。一週間の期末試験中の一日は休みとなり、普通ならば試験勉強にあてる一日なのですが、この日も一日中畑へ。仕事が嫌なのではありませんが勉強する時間がなくて泣けるほど悲しく、ひそかに英語の単語帳をポケットにしのばせ、草をとりながら単語の暗記を致しました。そんな私に師はこういいました。

「人間はな、勉強しろ、勉強しろといわれると、勉強する気がなくなるものだ。勉強する時間がないと思うと、与えられた仕事を一生懸命かたづけ、少しの時間も盗むようにして作り出し、その時間を密度の高いものとして使うものだ」と。

後に東井義雄先生から次の言葉を聞き、ハッとさせられました。

「百人の子供を百人とも勉強嫌いにするたった一つの方法は、朝から晩まで『勉強しろ、勉強しろ』とがなりたてることです。間違いなく勉強嫌いの子供ができます。

そんなことより、むしろ生きていくということはどういうことか、自分の足で生きていくということはどういうことか、親は一度の食事のために、一枚の着物のためにどれだけの汗を流しているか、子供と一緒に仕事をすることで、体で子供にわからせることのほうが大事です」

師は教育学を学んだ人ではなかったが、真の教育者であった、と改めて思い、そういう師のもとで育った幸せを思ったことでした。

仕事は仕事から学べ

何かを覚えさせるとき、簡単で手っ取り早いのは、
最初からやり方を教えること。
何も教えず、どうすればいいのかを考えさせるのは
手間と忍耐が必要ですが、それが相手のためになります。

愛することがあなたのお荷物にならないように

一人の女性が人生相談に来ました。

〝母の愛が深すぎて、生涯そのしがらみから抜け出せないまま何十年かを過ごしてきた。自分の子供（母にとって孫）までも母に気がねをし、母の顔色を見ながら生きている。母の愛のしがらみから解きはなたれ、自由になりたいのだが、どうしたらよいか〟というような内容でした。

私が「見方を変えれば、ぜいたくな悩みですね。世の中には母の愛を少しもいただけなくて、さびしく育っている人のことを思えば」といったとたんに、この女性はハッと気づいたものがあったようです。別の見方もある、ということに気づいたのでしょう。

私はさらに申しそえました。

「お母さまからいただいた愛のあり方からあなたが学ぶべきことは、あなたがあなたの子供に向かうとき、愛することが子供のお荷物にならないよう、子供をしばる縄にならないように気をつけることですね。

子供を育てることを生き甲斐《がい》とし、よろこびとすることは結構ですが、それが子供の心の負担になるようでは、ほんとうの愛のあり方ではないでしょうね」

と語り、インドのタゴールの詩に次のようなものがあったことを思い出し、紹介しました。

私があなたを愛させていただくことが、
あなたの心のお荷物になることをおそれる

何という深い、何という無条件の愛でありましょう。とかくわれわれは、〝私がこんなに愛しているのに、あなたは私を愛してくれない〟と愛することに条件をつけたり、愛してくれることを求めたりしがちです。タゴールは〝愛することは私の勝手。それが相手の心のお荷物になることをおそれる〟といっています。ほんとうの愛とはこういう無償なものでありましょう。

相手の心のお荷物にならないということで、忘れられない心象風景があります。混雑した電車に乗っていました。電車が一つの駅に止まり、老婦人が乗ってきました。私の横に座っていた青年がサッと立ちあがり「どうぞ」と席をゆずりました。遠慮する老婦人に青年は「降りますから」といって電車を降り、老婦人はホッとした様子で腰をかけました。しばらくしてふと隣りの車両を見ると、先ほどの青年が人混みにまじって立っているではありませんか。

私はハッとし、同時に青年の心づかいの深さに感動致しました。席をゆずってくれた人が、自分の前でつり手にぶらさがりながらゆれていたら、何となく心苦しいではありませんか。そういう思いをさせないために「降りますから」とさり気なくいって電車を降り、すばやく隣りの車両に乗りかえたのです。

仏教では八憍《はちきょう》といって八つの憍《おご》りを説いておりますが、その中の善行憍《ぜんぎょうきょう》（善いことをしたという憍り）のところで、太田久紀先生は善いことをするにあたっての二つの留意点をあげておられます。

一つは善のおしつけ。善意のおせっかいによって相手を傷つけないこと。

二つ目は善の行為の心の底に「私が」という利己の心がひそんでいないか、ということ。

ああ、何ときめこまかな心の観察でありましょうか。福祉事業とかボランティアも、うっかりすると自己満足であったり、相手への押しつけの善であったりすると、「悪に変わる」と説かれていることを忘れてはならないと思います。

釈尊は無財の七施ということを説かれました。

和顔施《わがんせ》＝ほほえみを、愛語施＝愛の言葉を、慈眼施《じげ》＝慈しみの眼で見守る、心慮施＝温かい心配りを、捨身施＝この体でできることを、房舎施＝安らぎの場を、牀座施《しょうざ》＝よい席をゆずる。

先にあげた青年の行為は、この無財の七施のすべてがさり気なく行われていることに気づきます。愛することも、善いことをさせていただくときも、深い心の運びが大切であることを思うことです。

愛を、子供をしばる縄にしてはいけない

子供を育てることを生き甲斐にしてもよいですが、
それが子供の負担にならないようにしましょう。

産めば親になれるというものではない

「孫はかわいい。文句なしにかわいいですよ。しかしどんなにかわいがっても、お母さんにはかないませんな。孫に必要な金みんな出してやるといったって、そんなこと通用しませんわ。どんなに泣いていても、お母さんの顔を見れば泣き止むし、同じ泣き方でも、私らに抱かれて泣くのとお母さんに抱かれて泣くのとは、泣き方まで違いますからね。赤ん坊にとってお母さんは大した存在ですよ。

だからこそ思うんですね。その子供の絶対的な信頼に応えるお母さんのあり方であってほしいということを。昔から『三つ子の魂百まで』といいますが、その一番大切な三、四歳までの、その子の生涯を左右する基礎作りの頃の、鍵の百パーセントを握っているのは母親ですからね。私ら、じじ、ばばや子供の父親がどんなにハラハラしても、お腹を痛めて産み、オッパイをふくませるという、子供の命を預かっている母親には、とてもとても及びません。手も足も出ません。

その母親次第で、その子の生涯の土台作りがなされ、やがてその子が明日の日本を、そして人類を背負う人となるんですからね。いいかえれば母親は子育てを通して明日の日本を、あるいは人類の、さらには地球の明日を左右する鍵を握っているといってもよいですからね。

子を産み、育てるということは、女性のみに委託された天からの使命だと思いますよ。その使命の重さへの自覚と、使命に生きる誇りと喜びにめざめてほしいですね。

最近の女性の多くが職場に進出し、男性をしのぐ仕事をしてくれるのは結構だけれど、子育てや、子の育つ場としての家庭が犠牲になってはならないと思うんです。

いや、中には、子育てや家庭のわずらわしさから逃れるための職場であったり、お姑さんと顔をつきあわせているのはかなわんからという理由や、自己満足や小遣いほしさから勤めに出ている人も多いようですな。生まれて何ヶ月などという幼子を保育園に預けてでも勤めねばならないほど、お金に困っている人はそれほどなく、むしろ自分のわがままのために働きに出ている人のほうが多いんじゃないですか。

幼子の目はひたすらに母のみに注がれているということを忘れないでほしいと、孫を見るたびに、そして若いお母さん方を見るほどに思いますな」

堰《せき》を切ったように語りつづけるおじいさんの言葉に、一つ一つ深くうなずきながら、最近耳にした保母さんの歎きの言葉のいくつかを思いおこしました。

零歳児、二歳児などの子らを預かる心労は産みの母に代われないだけに大変なものであるが、それはまだよいとして、預ける側の母親の姿勢に納得できない場合が多いというのです。止むを得ず預けて働きに出なければならなかったら、せめて一刻も早く帰り、一刻も早く迎えに来ようという姿勢がほしい。休みの日ぐらいは自分の手もとにおいて、ふだんゆきとどかない分を償うぐらいな気持ちになってほしい。ところが、やっかい者を預けたとばかりに、勤めから帰っても迎えに来ないで、一時間も多く預けておいて、自分のしたいことをしようとする。連休なども一日ぐらいの預けかと思うと、三日なら三日とも預けに来て、自分は何をしているかというと、レジャーをたのしんでいる。などというお母さんが多くなったというんです。

「産めば親になれるというもんじゃない。動物たちだって自分の命をかけても子を守り育てます。〝手塩にかけて〟という言葉がありますが、子育てのためにどれだけ惜しみない努力が払われたか。そのことを通して親子のきずなは深められるものだと思います」

若い保育士さんの、幼子に代わっての切なる願いをこめた一言は、先のおじいさんの言葉と共に、何としてもお母さんの心の深くにまで届けねばならないと思ったことです。

母親は、子育てを通して地球の未来を左右する鍵を握っている

子供の生涯の土台作りをするのが母親の役割です。
惜しみない愛があれば、明日を担う子供に育ちます。

第四章

親の生きる姿勢

三つ子の魂百まで

「出会いは人生の宝」といいますが、この生命をいただいた最初の出会いは両親であり、その両親を子は択ぶことができません。両親も子を択ぶことができませんが……。

昔から「三つ子の魂百まで」といわれてきていますが、今日のような科学が発達した段階から眺めても、同じことがいえるようです。しかも三、四歳までというのは、当の赤ん坊にとっては自分では何もできず、百パーセント、育てる親に依存しているときです。特に一番近くにいて、かきいだき、オッパイをふくませ、あるいはオムツをとりかえる母親の責任に帰するといっても過言ではありません。

京都大学の元総長の平澤興《ひらさわこう》先生の言葉に耳を傾けてみましょう。

「人は皆、三十数億年の歴史を背負い、五十兆の細胞生命によって、この体が構成されています。大脳皮質には百四十億もの神経細胞が、生まれたときからあります。つまり誰でもが天才になれる可能性がある、ということです。この資質を使わない、あるいは『自分はできない』なんていうのは、自分に対する罵倒ですね」

さらにまた大変なことをおっしゃっておられます。そのあらゆる可能性を持った百四十億の脳神経細胞も、育てなければ零にひとしく、しかもその脳神経細胞を生涯使ってゆく土台作りは、三、四歳までで大方完了だという。おそろしいことです。「育てなければ零にひとしい」ということは、同時に育て方によっては仏にもなれば鬼にもなるということでもありますから。

インドで狼《おおかみ》に育てられた二人の少女のことは知る人も多いでしょう。五、六歳まで狼に育てられた二人の少女は、その後、牧師さん夫妻に救い出され、深い愛の中で人間の子として育てなおそうとされたが、ついに二本足で歩くことも、人間の言葉を覚えることもできず、四つんばいで走りまわったり、遠吠《とおぼ》えをするなど、狼の域から一歩も出ることができないまま、十二、三歳で死んでいきました……。

ある日のお茶の稽古場で、小学校の先生をしているAさんがこんな話をしてくれました。

お母さんが赤ん坊にオッパイをふくませるとき、〝飲むのはあんた。私はテレビを見る〟では駄目だといいます。オッパイをふくませるときというのは、自然に母親と赤ん坊の顔が向きあうような角度になります。母親が上から見おろし、赤ん坊は下から見あげる。肌と肌とをしっかりよせあい、眼と眼とをしっかり見つめあいながら、限りなくやさしく語りかける。オッパイは赤ん坊の肉体の栄養になるが、やさしい語りかけが、赤ん坊の心の栄養になるのだというのです。

ヒヨコの話も聞きました。母鶏に抱かれて孵化《ふか》したヒヨコは問題ありませんが、電気による人工孵化のとき、殻を破って出てきたヒヨコを、母鶏のフトコロにかわり、しっかりと両手の中につつみこんで語りかける。この作業を怠るとヒヨコは生涯心が落ちつかなく、しかも体も弱いといいます。親になる責任の重さは、どれほど問うても足りないと思うことです。

オッパイが赤ん坊の体の栄養になり、語りかけが心の栄養になる

オッパイをふくませるとき、自然に母と子が向きあいます。
眼と耳からも愛は伝わります。

人の生命も自然の一環、自然の中で育てよ

夏の暑い真昼間、タクシーを拾いました。運転手が語りかけてきました。

「今、グッタリした赤ん坊を抱いた若いお母さんがとびこんできて『運転手さん、ガンガン冷房をかけてくれ』っていうんですよ。冷暖房完備の中で育ててしまった子供は、暑さ寒さによって体温調整する必要がないから、汗腺が育っていないんだそうですね。しかもその汗腺は三、四歳までの間に育つもので、それ以後は手遅れで育たないんだそうです。学校の子供たちでも、ちょっとした暑さ寒さに負けちゃう子が多いじゃないですか」

私はうなる思いでこの話を聞きました。百四十億の脳神経細胞を生涯使ってゆく土台作りは三、四歳までと聞いたが、例えば汗腺というような肉体の基本作り

も三、四歳までなのか……と。

お茶の生徒が、生まれて二ヶ月の赤ん坊を連れてきました。私はいいました。

「大人の都合で冷暖房のきいた過ごしよい中で育てず、なるべく自然の中で、どんどん暑さ寒さに遇わせることで、それに対応できる体の基本づくりをさせなさいよ」と。

やはり小学校の先生をしていた方の話です。子供を修学旅行に連れていき、子供が車酔いをしたとき、薬を飲ませるよりも、裸足《はだし》にして自然の土を踏ませればすぐなおる。しかし残念なことに、今は自然の土を探すほうが大変なのだそうです。人間の生命も大自然の一環。人間の身勝手で大自然のサイクルから遠ざかるほどに不健康になってゆきます。これは人間ばかりではなく、動植物、すべてにいえるようです。

「菊って割合に水揚げもよく長持ちするものなのに、この菊はひどく弱々しくって水揚げも悪いわね」

ブツブツいいながらお花を活けている私の背後から、お茶の弟子が語りかけてきました。

「先生、その菊、きっと田んぼで栽培したものなのでしょう。花屋さんから教えていただいたんですけれど、何の苦労もせず水を吸いあげることができる田んぼで栽培した菊は弱々しくって、水揚げも悪いんだそうです。畑で栽培したものは、たとえ人為的に水やりをしても限界がありますから、足りないときは自分の力で一生懸命水を吸いあげようと努力しなければならない。それでたくましく育ち、水不足にも堪えながら、切り花になってからでも最後まで水を揚げて蕾《つぼみ》まで全部咲かせるんだそうです」

私は感心しながら思わず応じました。

「植物も人間と同じなんだね。人間も苗床が甘くて過保護だったり、乱れた中で育つと、登校拒否になったり、どうにか学校を終えて社会へ出ても、社会での対人関係や職場でのいろいろなことに堪えられずに転々としたり、結婚生活や子育てにもゆきづまったり……」

お花を入れながら、しばしにぎやかに語りあったひとときでした。

「偽《にせ》」という文字は「人が為す」と書きます。表意文字のおもしろさや、その文字を考え出した人の心の深さに思いを致したことです。

過保護にすると、人も植物も不健康になる

幼いうちに暑さ、寒さを体験すると、
それに対応できる人間に育っていきます。

子供のよいところを伸ばすことだけを考える

T市の「青少年健全育成市民大会」というのに招かれてお話に行きました。壇上に、

「愛の手で非行の芽をつもう」

と大書された垂れ幕がかかっており、私は開口一番「このスローガン、気に入らない。〝愛の手でよい芽を伸ばそう〟というのでなければならないのではないでしょうか」と語り、『次郎物語』を書いた下村湖人《しもむらこじん》の次の詩を紹介致しました。

あなたと私とは

いま、バラの花園を歩いている。

あなたは云う、
「バラの花はうつくしい、だが、
そのかげにはとげがある」と。
けれども、私は云いたい、
「なるほど、バラにはとげがある、
それでも、こんなにうつくしい花を咲かせる」と。

同じ一本のバラを見ているのですが、一人の眼はトゲのほうにそそがれている。そこからは冷たいとがめだての世界が広がりましょう。一人の眼は、トゲは許されるべきものとして、花のほうにそそがれている。そこからは温かい世界が広がりましょう。誰しもよいところを持っています。そのよいところを伸ばすことだけを考えていたら、悪いほうへ出すエネルギーはなくなるはず。トゲを育てるエネルギーも、花を咲かせるエネルギーも一つなのだから。

「子供に屑《くず》はない。しかし、うっかりすると屑にしてしまう」

これは愛の教育に生涯を捧げられた東井義雄先生の言葉です。もの心つくそのはじめから「駄目ジャナイ！」「駄目ジャナイ！」と否定の言葉ばかりを投げつけていたら、ほんとうに駄目にしてしまうのではないでしょうか。

「あなたはすばらしい。あなたならやれる」

といって育てたら、ほんとうにすばらしい人間に育ってゆくでありましょう。

太平洋をたった一人、手造りの小さなヨットで横断した岡村精二《おかむらせいじ》さんの話を聞きました。当時二十三歳の岡村青年は、昭和五十二年五月、宇部港を出港し、百四十七日をかけて太平洋を横断し、十月九日、アメリカのサンフランシスコ港に入港しました。

人一倍恐《こわ》がりやでさびしがりやの岡村青年をして、この壮挙をなしとげさせた力は、どこから来たのか。それは、小学校五、六年を担当してくれた大石寛先生の、「おまえならできる」の一言との出会いによるというのです。

大石先生は、六年最後の授業を、一人ひとり別室に呼び、個別面接の形でされた。部屋に入っていった岡村少年を、やさしい眼差しで見つめながら大石先生は語りかけられました。

「岡村、おまえ、家で勉強したことがあるか」「ないだろう。おしいなあ。おまえ、頭がいいのに」

「中学生になったら一度一生懸命、勉強してみろ」「おまえなら、絶対にトップになれる」「おまえなら、できるはずだ」

部屋を出たあとも、「おまえなら、できるはずだ」という言葉が頭から離れず、まるで暗示にかけられたように勉強しはじめ、中学に入ってからの中間テストの成績は、自分の目を疑うほどに、5が並んでいたといいます。

〝やればできるんだ〟

〝おれはできるんだ〟

という自信を与えてくださったのは、この大石先生の大きな励ましと、愛の見守りのお陰だと語っておられます。

二十四歳で道を求めて入宋された道元禅師に、師の如浄《にょじょう》禅師は語られました。「あなたは年は若いが、大いに古仏の風貌がある。あなたならやれるから、体を大切にして、深山幽谷というような修行にふさわしい環境に身をおき、修行に励んでくれ。間違いなくいにしえの祖師方の実証された境地に到達するであろう」

敬愛して止まない師より、この言葉をいただいた若き道元さまは、「感涙に襟をぬらした」と、『宝慶記』に記しておられます。二十八歳で帰国された道元さまは、宇治に興聖寺《こうしょうじ》を開かれ、さらに永平寺《えいへいじ》を開創し、多くの人材を輩出されました。「あなたはすばらしい」「あなたならやれる」の一言の中には、愛と信頼と、期待と予言と、さらには祈りと見守りの心がこめられています。人は、愛され、期待され、祈られ、見守られることにより、大きな転換と飛躍をとげることができるものであることを、心に銘記しておきましょう。

「あなたならやれる」と信頼して子を育てる

人は愛され、期待されることにより、
大きな飛躍をとげることができます。

欠点を長所に生かす

「どの角度より見れど美しきものあらじ。よき角度より見るがよろしも」送られてきたカレンダーの、活け花の絵に添えられた言葉です。私も花の写真を撮っていただくとき、やかましく「この角度から撮ってちょうだい」と注文をつけます。

「欠点が気になるうちは駄目ですね。欠点が長所に見えてこなければ」

京都大学の元総長の平澤興先生の言葉です。お盆が来るとお精霊棚を作り、そこに茄子《なす》や胡瓜《きゅうり》で作った牛や馬を飾ります。その牛や馬を作るのに、「すねなすび、馬役あいつとめたり」という句があるように、まっすぐなのより、曲がっている茄子や胡瓜のほうが、元気のよい牛や馬ができてよいというのです。

誰しもが欠点も長所も持っております。視点を変えれば、欠点はそのまま長所でもあるわけです。仕事が早いということは雑だということになりかねないし、逆に遅いということは丁寧であるといえるように。

わがままな人間のメガネは、欠点が欠点と見えるならまだよいが、長所さえ腹の立つ材料にしてしまいかねません。欠点を長所として生かすのは、深く大きな愛がなければできないことです。

自坊の信州の山寺へ帰ると、山野にのびのびと、あるいは雨風に打たれてさまざまに曲がりながらも太陽に向かって伸びようとしている草木を、そっといただいてきて「曲がっているから、いいのよネ」と、大自然が作り出した絶妙の曲線をたのしみながら活けます。活けながら思うことです。「花だからいえるけれど、すべての人に〝曲がっているからいいのよネ〟といえるであろうか」と。

「堂塔の木組みは寸法で組まず、木の癖で組め」

これは法隆寺の昭和の大改修の折の棟梁であった西岡常一《にしおかつねかず》氏が語る「法隆寺大

工の口伝《くでん》」の一つです。大工としては、癖のある木を使うよりは、素直な木を使ったほうが楽であるが、素直な木は力がないのだそうです。ねじれた木を、例えば右にねじれた木ばかりをあわせると、建物全体が右にねじれてしまう。右にねじれたのは左にねじれたものと組みあわせることにより、部材同士の力で癖を封じながら、しかも強い力を発揮させることができるというのです。まさに欠点を長所として生かしきっている姿が見られます。

さらに西岡さんは一歩進めて、「木の癖組みは工人たちの心組み」と語り、それは棟梁の思いやりであり、それができないものは「棟梁の座からさがれ」と厳しく結ばれます。木に癖があるように、百人に百様の考え方や癖があります。一人ひとりに心を運び、耳を傾け、一つにまとめてゆくのが棟梁の力量だというのです。「欠点や弱点を生かして発揮させてやらなならんのです。癖のある人にも間に合うところが必ずありますさかいに」と語る西岡さんの姿勢を深く心に刻んでゆきたいと思うことです。

癖を生かせば強い力を発揮できる

百人に百様の考え方や癖があります。
それらをうまくあわせれば、とてつもない力になります。

親のいう通りにはならないが、親のする通りになる

瞬間のできごとながら鮮明に残っている心象風景があります。奈良へ講演に行き、時間のゆとりがあったので、ふと法隆寺を訪ねてみようと思い立ちました。平山郁夫《ひらやまいくお》先生から聞いた「法隆寺はシルクロードの終着点」というお話を思い出したのです。中宮寺《ちゅうぐうじ》にも詣で、南大門のほうへ歩みを進めていました。

小学校六年生の修学旅行団がゾロゾロと足早に私を追いこしていきました。その行列の中の一人の娘さんが、ふと立ちどまり、合掌して深々と頭を下げられた。ハッとして私も思わず合掌し、その娘さんの後ろ姿を目で追いました。突然の、しかも瞬間のことで、セーラー服の娘さんの後ろ姿しかわからないけれど、さわやかな感動が私の心を浸していきました。

法隆寺や宝物館に展示されている品々は、歴史的に意味あるものですが過去の遺物であるのに対し、この娘さんの合掌は、文字通り赤心ほとばしる生演奏です。〝法隆寺を訪ね、この娘さんに会えてよかったなあ〟という感動に浸りつつ、遠ざかりゆく娘さんの後ろ姿を目で追いながら思いました。

どんな家庭で育った娘さんでしょうか。小学校六年といえば十二歳ぐらい。どこの誰かわからない尼僧が一人歩いている。大勢の友達と行列を作っての追いこしざまに、思わず合掌してしまった、ということではないでしょうか。この〝思わず〟が尊い。日常生活が飛び出してくるから。ふだんお坊さんのお出入りがあったり、毎日朝夕に仏壇の前で合掌するというように、合掌ということが身についていなければ、旅先の路上で知らないお坊さんに思わず合掌するという行為の生まれようがないから。

昔から「子は親のいう通りにはならないが、親のする通りになる」といわれてきました。「いう」というのは音楽にたとえれば楽譜であり、「する」というのは生演奏です。楽譜は間違いのない生演奏をするための手引きですが、生演奏のともなわない楽譜、つまり自分の生き方は棚にあげて、口でやかましくいっても、一つ間違えば反撥《はんぱつ》の種になりかねません。「親の後ろ姿を見て子は育つ」といわれる言葉をかみしめつつ、法隆寺を後にしました。

それから三十三年の歳月が流れました。京都・北山の会場での講演を終え、遠近から駆けつけてくださった聴衆の方々の握手攻めにあっている中で、一人の婦人が涙を流しながら「先生！　やっとお目にかかることができました！」と、手を握りしめてきました。

「三十三年前、法隆寺へ修学旅行で参りましたとき、先生のお姿に思わず合掌させていただいたのは私です。ずっとずっとずうっとお会いしたくておりました。お目にかかれてうれしい！」。喜びを共にして、より添っておられるさわやかな姿の男性を指して「私の主人です。主人と一緒に先生のCDを聞かせていただいておりましたら、『親の生きる姿勢』というテーマでのお話の中で、法隆寺で合掌してくれた娘さんの話というのが出てきて、びっくり仰天。〝これ、私のこと！〟と、とびあがって喜びました。今日は主人と共に参らせていただきました」

三十三年前の一瞬の出会いが、こんな形で再現するものかと、私も思わずあふれ出る涙をおさえ、握手をし、写真におさまりました。そっと手渡してくださったお土産には、次のようなお手紙が丁寧な毛筆で記されてありました。

「奈良へ修学旅行に行ったのは小学生のときでした。集合写真をとるべく小走りに移動しておりました。すてきなお坊さまが歩いておられるお姿が、光輝いて見えたのです。思わず『ごめんなさい。お先に』と手をあわせました。ふっとお顔をあげてニコッとほほえんで合掌してくださいましたお姿は、息をのむほどの美しさで、今も忘れることができません。——中略——あれから三十三年。待ちに待った青山俊董様にやっとお逢いできました。感激の心でいっぱいでございます。

浅川由美」

さらに「瞬間であろうと、大切な方をキャッチするアンテナを育ててくれた両親に感謝あるのみです」という言葉も添えられていました。

アンテナが立っていなければ出会いは成立しません。さらには三十三年念じつづけることにより、出会いを深いものへと育てることができた。道元禅師の「切に思うことは必ず遂《と》ぐるなり」のお言葉を思うことです。

〝思わず〟行うことに家庭での生活が現れる

自分の生き方を棚にあげて子育てしても、子は思うように成長しません。

子を拝み、生徒を拝み、自分の姿勢を正す

空港で拾ったタクシーの運転手は女性でした。「ありがとうございます！」という明るい挨拶と共に、車は走り出しました。女性ドライバーは親し気に語りかけてきました。

「私、母子家庭なんです。縁あって結婚し、一人の男の子が授かりましたが、間もなく離婚しました。今、息子は中学三年になります。やがて息子が一人前になったとき、誇れる母であらねばならないと思い、毎日を心して大切に生きております。もし息子がいなかったら、私は堕落していたと思います。息子のお陰で姿勢を正して生きることができると、息子を拝みながらの毎日です」

私はうれしくなってこんな話をしました。

「私のお茶の生徒で横浜へ嫁に行き、三人の子供の親になっている方から、こんな手紙が来たんですよ。『子供を育てる〝育児〟は、自分を育てるということ、つまり〝育自〟に他ならないと痛感している』と」

ある時　よくよくみると
その瞳の中には
黄金の小さな阿弥陀さまが
ちらちらうつってゐるようだ
玲子よ　千草よ
とうちゃんと呼んでくれるか
自分は恥ぢる

山村暮鳥《やまむらぼちょう》

信じて疑うことを知らないその澄んだ瞳を向けて「父ちゃん」と呼んでくれる。

「母ちゃん」と呼んでくれる。その瞳を、その呼び声をまっすぐに受けとめ、自信を持って「ハイ」と答えることができる父ちゃんであり得たか、母ちゃんであり得たか。

子を鏡として自らの生き方をかえりみるとき、親として、人として、落第でしかない私がそこにいます。わが子の前に「勘弁してくれ」と詫び、しかしながら「この子の信に応え得るだけの親にならねばならない」と、子の前に姿勢を立てなおし、立てなおし、生きようとする。そういう人こそ親らしき親といえる人ではないでしょうか。そういう親のもとにあってはじめて、すこやかに子は育つというものではないでしょうか。

東井義雄先生の言葉に「子供こそ大人の親ぞ」というのがあります。女性ドライバーの「息子のお陰で姿勢を正して生きることができる」と語った言葉を聞いて、東井先生の言葉が心底納得できました。

子供が大人の親であり鏡であるのと同じことが、教師と生徒の上にもいえるのではないでしょうか。生徒のお陰で教師は教師として育ってゆくのです。私も雲水を育てるという立場にあります。怠け者の私が、雲水のお陰で、どうやら怠けずに修行させていただき、勉強させていただいて五十年余り。一筋に雲水のお陰と感謝しての日々です。

　　　　艫《ろ》を渡し馬をわたす橋にならばやと
　　　　　　願えども渡さる丶のみの我にて　　　　　　　　　　俊董

中国・唐代の禅の巨匠・趙州《じようしゆう》の言葉に「艫を渡し馬を渡す」という一句があります。趙州の住職している観音院へゆくにはどうしても橋を渡らなければなりません。ある僧が「趙州の橋いかん」と問うた。橋を問うているのではありません。「趙州さま、あなたの仏法をお示しください」というのです。その問いの答えがこの「艫を渡し馬を渡す」の一句です。

驢馬も渡せば馬も渡す。より好みなく、落ちこぼれなく、すべてを、しかも無条件で渡すというのです。私はどうか。この人は渡ってもよいが、あの人は渡したくないと、より好みしている私がいます。「いい橋でありがとう」といわれると、ニコニコとし、「こんな橋、渡りにくい」と足蹴《あしげ》にされたら、渡したくないという、渡り方に条件をつける私がいます。どんな人もまったく無条件に彼の岸へ、すべての人がほんとうの幸せになれる彼の岸へ、ひたすらに渡すことに徹する。それが渡し守の役であり、橋の役であり、仏道に志した者のあるべきようなのですが。

三十二歳、尼僧堂の講師として赴任したはじめの頃にこの一句に出会った私は、この言葉を自誡《じかい》として歩んでゆこうと心に決めて、すでに半世紀が過ぎました。かえりみるに、雲水に支えられ、後押しをされ、渡すどころか渡されっぱなしの、育てられっぱなしの私であったと、雲水を拝んでの朝夕です。

子供こそ大人の親ぞ

子を鏡とし、姿勢を立てなおしながら
子の前に進むのが親の道です。

子育ては大人全部の責任

「この頃の若いお母さんは、怒ることはあっても、叱ることを知りませんなあ」と、運転手さんが語りかけてきました。

「この間、銀行での待ち時間、長椅子に腰掛けていたんですよ。若いお母さんが二人の子供を靴を履かせたまま、腰掛けの上で遊ばせているんです。私は見かねて『こら、そこは皆が腰掛けるところだ。靴脱がんか』と何度いっても脱がない。繰り返しいったらその母親が『よそのおじさんが怒るから脱げ』というんですよ。

私は母親に向かっていいました。『人の腰掛けるところへ靴ごと乗って遊ぶことがいいか悪いか、そのこと自体を叱るべきなのに、〝よそのおじさんが怒るから脱げ〟といういい方があるか』と。母親から何という返事がかえってきたと思います？『おおきなお世話だ』というんですよ。こんな母親に育てられた子供はかわいそうですね」

私は思わずいいました。「ようこそ叱ってやってくれました。自分の子供さえなかなか叱れない。ましてや他人の子供さんは、〝いけないな〟と思っても遠慮があって叱れないものです。しかしその子のことを本気で思ったら、わが子とか他人の子という区別なしに、叱るべきときに叱る、それがほんとうの親切というものですからね。あきらめず、叱りつづけてやってください」と。

子供を育てるということはどういうことでしょうか。その子の将来とか、わが家の後継者とか、私の晩年を看《み》てもらうというような小さな話ではありません。人類の明日を背負い、地球の明日を背負う人間を育てる。それが子育てではないでしょうか。そういう意味から子育ての責任は、直接には両親や家族にあるに違いありませんが、今の社会を構成している大人たち全部の責任にかかると考えねばなりません。

「日本はセックスや暴力が、漫画やビデオにはんらんしすぎている。米国では青少年法違反で販売中止になるようなものばかりだ。暴力ビデオは精神が不安定な人間には刺激が強く、危険だ。日本でもこの種の取り締まりを強化すべきだ」

これはアメリカの某心理学者の言葉です。いかがわしいビデオがあちこちの自動販売機で売られています。ホラーものであろうと、ワイセツものであろうと、手当たり次第手に入れ、誰にはばかることもなく個室で見ることができます。

心身共に未成熟の者が、大切なことをどんどん吸収して健全な大人として成長してもらわねばならない青少年が、野放しの不健康な環境の中で、そういう方向にばかり興味が動き、大切な時間を空費、浪費してしまうとしたら、そこに待っている人生はどんなものか、その子たちがやがて背負う社会はどんなものになってゆくか、恐ろしいことです。

ほかでもない。そうさせている原因は、今の社会を構成している大人にあることを思わねばなりません。視聴率が高ければよい、もうかりさえすればよいと、いかがわしい映像やビデオを次から次へと作り、ひそかに買えるような方途を考える……。皆心ない大人たちのやっていることであり、子供たちこそ犠牲者といえましょう。

受け入れ側、視聴者の側へも厳しく提言したい。見るべきもの、聞くべきもの、見たり聞いたりしてはならないものの選択を厳しくできる目の高さと意志の強さを、自他共に育てることの急務を。心を育てる幼少年期に、何を読み、何を聞き、どういう環境で育ったかがその子の一生を左右します。その鍵のすべてを握るのは親であり、その親の背景に現代の大人社会があることを忘れてはなりません。非行という形で訴えてくる青少年たちの大人への警告を、襟を正して聞かねばならないと切に思うことです。

わが子でも、他人の子でも、
叱るべきときに叱る

地球の明日を背負う人間を育てる気概で、
すべての大人が子を見守りましょう。

泣いて叱る愛を

いつか僕が悪さをした時
父は怒った　本気でなぐった
そしてだまって　僕を見つめた
その時見たんだ　父の涙を
僕は父にしがみついたんだ
本気でなぐった　父の胸に

これは「父の涙」と題する福島の中学二年生の江藤章仁君の詩です。涙を流して本気でなぐってくれる父を持つことができたよろこびが、ひしひしと伝わり、涙を流ししっかりと抱きあう父子の姿が、目に浮かぶような詩です。

「この頃のお母さんは怒ることはあっても叱ることを知らない」と語りかけてきた運転手さんの、〝怒る〟と〝叱る〟の違いについて考えてみましょう。

「〝怒る〟という心の状態を見つめたとき、私が気に入らなくて腹を立ててしまう、という要素が大きいのではないか。それに対し〝叱る〟というときの心の状態は、私への思いよりも、相手のことを思えばこそ叱らないではおれないという、相手への愛に重心がおかれているように思う。

叱りとか怒りとかが煩悩であるかそうでないかを見分けるポイントは〈我《が》〉の有無である」

これは仏教の深層心理学ともいわれる「唯識《ゆいしき》」が語っている言葉です。相手がたとえ悪いことをしていても、また本人自身が悪いことをしたことを承知していても、叱り方一つで素直に聞けたり、逆に反撥の心をおこすだけに終わったりしかねません。それは叱る側の心の中に相手への愛よりも、わが身にとって気に入るか気に入らないか、都合がいいか悪いか、心のど真ん中に「私が」の思いが働いているかいないかによることは間違いありません。

「お母さん方や若い先生方に、〝子供のほめ方とか叱り方を教えてくれ〟とよくいわれますが、ほめ方、叱り方などというテクニックはどうでもよい。そんなことより、子供のよろこび、悲しみを自分のよろこび、悲しみとして、どれほど深く受けとめることができるか、だけが問題です」

これはかつて長崎県の教育長をしておられた竹下哲《たけしたさとる》先生の言葉です。問題はどこまで相手と一つになり得ているか、愛の深さといえましょう。

道元禅師の師匠である中国・宋代の如浄禅師は、修行僧を接得（指導）するのに履いている靴を脱いでたたいたり、厳しく叱咤《しった》されたといいます。その如浄禅師がある日、修行僧に語られました。

「あなた方はみな尊い仏弟子たちで国の宝だ。それをたとえ眠ったり怠っているからといって、打ったりののしったり、まことにもったいないことであるが、住持職という職責上、止むを得ずやっていることであるから、どうぞ慈悲を持って許してください」

と涙を流して懺悔されたと伝えられています。また修行僧たちは如浄禅師に叱られることを、涙してよろこんだといいます。

叱らねばならないとき、私の中に「私が」の思いがないか、泣いて叱るほどの愛があるかを、深く自らに問うていきたいものです。

〝怒る〟のは
私が気に入らないから。
〝叱る〟のは
相手への愛情があるから

叱り方にテクニックはいりません。
どれだけ相手と一つになれるかが大切です。

世界でたった一人の父、母を最高のものとして伝える

「お父ちゃんはな、道を歩いておられても、どこへ行かれても、読めない文字があると必ずメモしてこられて、帰ってから辞書をひきやあしてな」

「お父ちゃんはな、長い闘病生活でつらかったろうけれど、一度も嫌な顔はせず、いつもニコニコとして家族を見守り、心の支えとなってちょうだあしてな」

名古屋弁で父のことを語ってくれた母の言葉がつねに私の心にひびき、私の生きる姿勢への力となり、また警鐘となってくれています。

父は地方ながら書家と呼ばれていたようですが、三十代半ばに病にたおれ、四十五歳、病気が少し軽くなったとき私を作ってくれ、五十二歳、私が七歳のとき他界しました。したがって私の脳にある父の姿は、おおかた病床に臥している父

でした。そんな私のために、母はおりおりに父のことを語ってくれ、私の中に息づく父はいきいきと十分な姿を持って私を見守り、語りかけ、私の生涯の指針となってくれています。

かつての教え子のMさんが結婚し、一児の母親となりましたが、いろいろとつらいことが重なり、離婚したいといってきました。私は一言だけいいました。

「あなたはご主人を取りかえることができるかもしれないけれど、子供さんはお父さんを取りかえることはできないのよ。子供さんにとっては、世界中にたった一人のお父さんであることだけは忘れずに行動してね」

Mさんはさらにこんなこともいいました。やりきれない思いのはけ口がないので、お風呂に入ったとき、一、二歳の子供に向かってお父さんの愚痴をこぼして、気持ちをはらしている、と。言葉も覚えず、何もわからないと思ってのことでしょうが、とんでもない思い違い。思わず私は叱りとばしました。

「とんでもないことをしなさるな。〝三つ子の魂百まで〟といって、一番大切なときじゃないか。言葉づらはわからなくても、一番肝心なところは受けとめているはず。お父さんのことは、嘘でもよいからほめて話してやってちょうだい。子供さんにとってかけがえのない、たった一人のお父さんを、最高にすばらしいお父さんとして、子供さんの心の中に育ててやるのが、お母さん、あなたの責任です。そしてそのことが、子供さんの心をゆがみなく育ててゆく、もっとも大切な条件なのですよ」

子供にとってかけがえのない、世にたった一人の父、世にたった一人の母が、最高に尊敬できる人であることが、子供にとってどんなに大切なことか。毎日の食卓にのぼせる食事、毎日着せる着物もさることながら、父母の生きざまそのものという精神的食物が、どんな内容であるかを考えなければなりません。

東井義雄先生は「子供の心の中にお父さんを育てるということは、家の中の『大黒柱』をゆるぎないものにしてゆくことである」と語っておられますが、父母、そして子供を囲む大人たちの、深く心にとめておくべき言葉です。

子供の心の中に
父（母）親像を植える

親のすばらしい姿や生きざまを伝えることは、
子供の心の栄養になります。

母なる大地の配役の自覚こそ

「少年刑務所の母の会」という集まりにお話に行きました。迎えに来てくださった職員の方に、「こちらに来られるのは、どういう事情の方が多いのでしょうか?」とお尋ねすると、職員の方が答えてくれました。

「帰る家を持たない、安らぐ家のない子たちです。待っていてくれる母を持たない子たちです。人間ですから、誰だって間違って罪を犯してしまうこともあります。間違って罪を犯してしまったわが子の悲しみを、わが悲しみとして受け止め、真剣に更生を祈りながら面会に来てくれる母を、親を持っている子は、百パーセント更生します」

この職員の話を聞きながら、私はしみじみと母の責任を思いました。親の、大人の責任を思いました。その日、私の話を聞こうといって集まってくださったお母さま方というのは、こういう母のない、もしあっても母としての務めを放棄してしまっている母に代わって、母になってあげましょうという、ボランティアの母の会の方々だったのです。

この母の会の方々や私のために、収容されている少年たちが、合唱をしたり、演奏をして聞かせてくださった。まだ子供の面影をとどめた子らの合唱や演奏を聞きながら、私は泣けてしかたがありませんでした。

この子らをここへ追いこんだのは、この子らの責任じゃない。私たち大人の責任です。子供は母の胎内に命をいただいたとき、そして生まれたときは真っ白であったはず。何の手垢もついていない真っ白な素材である幼児を、どう育てあげてゆくかは、親の責任、大人の責任、特に母の責任に帰するところが大きい。謝らなければならないのは少年たちではなく、私らのほうであったと思うほどに、涙がとまりませんでした。

いれずみの太き腕して眠りいる
友は〝母さん〟とつぶやきにけり

これは、ある少年刑務所に収容されている少年の歌だと聞いています。目の覚めているときは、いれずみなどしてつっぱって強そうな顔をしているけれど、眠りこけているときは、無心の幼児に返っている。その眠りの中で〝母ちゃん〟と呼ぶ。その少年がはたしてほんとうに駄目な子なのでしょうか。その寝言に感動してこの歌を詠《よ》むことのできた少年が、ほんとうに駄目な子なのでしょうか。

すべての草木は太陽に向かって伸びようとしています。田畑の草も、どんなに倒しても倒しても太陽に向かって起きあがり、伸びようとするように、すべての人が、自分の命を大切に生きたい、悔いなく生きたい、神や仏が「よし」とおっしゃる生き方がしたいと思っています。これを仏心と呼び、宗教心と呼びます。

この仏心を拝み、信じ、この命の願いをしっかりと受けとめ、命の方向づけをしてやる使命、それが母の、親の責任ではないでしょうか。

「子供は、淋しくなったときも、悲しくなったときも、そしてうれしくなったときも、真先に『母』を求める。母を求めてひた走りに走る。そして『母』という不思議な世界に包まれて、心から安らぐのである。専門語で『子宮回帰願望』というのであるが、子供は意識の下で、かつて過ごしたもっとも安定した『場』である母の胎内に帰りたいという願いをもって生きている」

これは教育心理学者の伊藤隆二《いとうりゅうじ》氏の言葉です。さらにヨーロッパでの見聞として、情緒不安に陥り、暴力を振るう子供の「心理治療」として、次の三つの方法をあげています。

一、子供が心理治療士の大きな腕の中で、何時間も何時間も抱かれている。

二、狭い、暗い部屋で、一人瞑想にふけること。

三、土にまみれる生活をすること。

大地のことをグレイト・マザーと呼びます。母なる大地を意味する。すべての命を無条件に抱きとり、育み育てる大地の役割を、太古のはじめより天地から授かっているのが、母なる存在でありましょう。人類も動物も植物も、すべてのものが、この大地の上に安心してそれぞれの愛を与えられ、大地より命を授かり、大地を踏まえて立ちあがり、花を咲かせ、実らせ、やがて大地に返ってゆく。母なる大地の配役をいただいた女の責任の重さを思うことです。

幼子の無垢の魂を育てあげるのが親の責任

親の責任とは、伸びようとする子供の芽を正しい方向に導くことです。

第五章

勝ち負けだけが人生ではない

順逆共にお育て

四十二歳の初冬（昭和五十年）、尼僧堂の堂長の山口宏峰《やまぐちこうほう》先生が遷化されました。癌のため、堂長に就任して一年足らずで。緊急に開かれた理事会で、「先代、先々代の堂長の遺言でもあるし、何としても堂長を受けてほしい」と追いつめられ、ことわりきれず、堂長をお受けしました。

曹洞宗宗務庁の、時の総長から辞令を受けるとき、「全国で一番若い堂長さんですね。昔から師家四十という言葉もありますから、がんばってください」といわれた言葉が今も耳に残っています。

思いがけない人事に賛否あい半ばして、いつまでもにぎやかなことでした。

「古いしきたりにしばられている尼僧の世界にしては破格の人事。もろ手をあげて賛成する。がんばってくださいと手放しでよろこんでくださる人のある一方、「開闢《かいびゃく》四恩師の流れでもない者が（それまでは、尼僧堂を開創した四人の先生方の流れのみが堂長を継がれていた）」「他国者《よそもの》が（愛知県に寺を持っていない）」「若すぎる」等々、山々の雑音がいつまでもつづきました。

覚悟の上ではありましたが風当たりは相当に強く、やっぱりお受けするのではなかったと、自分の力不足を歎き、昭和五十五年、堂長辞任を申し出、後任堂長選出の理事会を開いていただきました。

ところがその席上、お集まりくださった理事の方々が異口同音に「われわれは若い堂長さんで万々歳だと思っている。そんなことより、終戦後の仮普請で、雨は漏り床は落ち、修理のほどこしようもなくなっている衆寮《しゅりょう》や庫裡《くり》の改築を、若い堂長さんの体力と気力でやりとげてくれ」と切望され、堂長辞任のつもりが衆寮改築という大事業を背負いこむこととなってしまいました。

全国の卒業生やらご寺院に協力のお願いにまわったり、お礼を兼ねての講演に行ったり、業者との折衝をしたり、荷物の移転をしたり。その間も雲水の指導の手を抜くわけには参りませんし……。まさに寝食を忘れての体当たりの毎日でした。

その間も一部の反対派（私が堂長になったことを快く思っていないグループ）のいやがらせはつづき、しかも建設委員長のE老師を反対派に抱きこみ、ある日の会議では、

「青山さん、あんたにものすごい敵意を持っていて『青山さんが堂長であるかぎり、絶対協力せん』といっている人のいることを忘れなさんな。いい顔をしている者ばかりじゃないんだから」

という、致命的なとどめの一言が出ました。E老師が議長でのその日の会議は、一歩も半歩も進まないまま会を閉じねばならず、帰られる皆さんを門に送り出した私は、泣けて泣けて、泣き顔を雲水に見せたくないまま、しばらく門に立ちつくしておりました。お茶の接待をしながら会のなりゆきを見ていた雲水たちが、

これもまた泣きながら私を門まで迎えに来て、足やら肩やらをもんでくれたことを、今も忘れません。だまって私を支えつづけてくれたのは、内職員の先生方と雲水たちでした。

ある日勧募（寄付を募ること）を兼ねての講演の帰り、所用があって、かつての教え子の寺を訪ねました。愚痴をこぼしたり現状報告をしたわけでもないのに、教え子の雛僧《すうそう》がお茶を入れながらつぶやくようにこういうのです。

「堂長さま、ご苦労が多うございましょうね。でも堂長さまが小さな個人のお寺で何の波風もなく過ごされるより、公の道場で、それも改築という大事業を背負って立ってご苦労されることで、二倍も三倍も大きくなられますね」

さらに「善哉《ぜんざい》（おしるこ）の甘みを強めるためには塩が必要といわれますからね」と一言付け加えられました。

私は「あっ」と思わず声をあげそうになりました。

「そうだ！　順逆共にお育てであった。いや逆境のほうが一層のお育てであった。

狭い料簡の私を、身びいきの思いから一歩も出ることのできない私を育てようとの、仏さまの慈悲の御計らいであった。〝善哉の甘みを強める塩の役目〟を務めてくださったのだ。この大事業が浮き足立たないよう、しっかりと大地に足をつけて歩めるよう、進んで塩となってくださっていたのだ」

そう気づかせていただいたとき、重苦しい心の雲は一挙に晴れ、素直にその人々に向かって手を合わせつつ、このうえ共にご協力をお願いしていこうと、いそいそとした思いで教え子の草庵をあとにしました。

道元禅師は「生死《しょうじ》は仏家《ぶっけ》の調度《ちょうど》」とお示しになっておられます。自分でも目をそむけたくなるような、逃げ出したくなるような泥んこの世界、それを生死というのです。それが他ならぬ人生の道具立てであり、そのまま涅槃《ねはん》の世界の風光であり、仏の世界の飾りでさえあるというのです。

砂糖も塩も、おいしい善哉を作るうえで欠くことのできない大切な材料です。凡夫の私たちは砂糖を追いかけ塩を嫌うけれど、どちらも大切な材料、道具立てとして、同じ姿勢でこれに対してゆく。追わず、逃げず、ひっくるめて善哉を作る大切な材料、人生の道具、仏家の調度品としていただけというのです。

かくて、檀家もない、祈祷もしない、収入ゼロの尼僧堂が、当時二億円を超える工事をすべて寄付で行いました。常識では考えられないことですが、なぜか不安な思いはまったくありませんでした。〝仏さまが建ててくださる〟と信じ、ひたすら迷いなき歩みをつづけ、結果として予想以上に立派に、すべての堂塔が建立整備されました。

その後も、尼僧堂開創の地の香林寺《こうりんじ》、自坊の無量寺等々の増改築を通して、計り知れない多くの学び、気づきのあったことに、ただ感謝、合掌あるのみです。

逆境は、
人生の甘みを増すための塩となる

善哉を作るときに、塩を入れると甘さが引き立ちます。
人生も同じこと。逆境という塩があなたを強くしてくれます。

国際人とは無国籍人になることではない

二十年来親交を深めさせていただいたシスター渡辺和子《わたなべかずこ》先生が、平成二十八年十二月三十日に八十九歳で帰天され、二月十二日に岡山の国際ホテルで、ミサとお別れの会が行われました。友人代表として追悼の言葉を、との依頼を受け、別れを惜しみ、生前の徳を慕って全国から駆けつけた三千五百人のカトリックの人々の中で、唯一人、仏法の法衣をまとった私が、それも友人代表としてはたった一人、しかも真っ先に追悼の言葉を述べさせていただく機会を得ました。

涅槃会《ねはんえ》摂心《せっしん》の最中でしたが、都合して出席してよかったと思ったことです。その理由の一つは、宗教の名のもとに限りない争いが繰り返されている世界情勢の中で二十年にわたって親交をつづけさせていただいたことを、人々に伝えるよき機会となったことです。

和子先生のお話を聞くたびに「これほど私と同じことをおっしゃる人はいない」と、思っていましたが、聴講の皆さんも異口同音に「まったく先生のおっしゃることと同じですね」と語っていました。例えば、ベストセラーになった『置かれた場所で咲きなさい』は、私がよく引用する「投げられたところで起きる小法師かな」そのままではないですか。

またはカトリックの三誓願の「清貧、貞潔、従順」のうち、特に従順を「自我からの自由」と訳されたのを聞いたとき、私は思わず耳をうたがい、深くうなずかせていただいたことです。

内山興正老師は、沢木興道老師を師として出家される前は、キリスト教の神学校の教師をしておられました。そういう経歴があっての故か、カトリックの神父方も多く参禅に来ておられました。その神父方に老師はある日こんな話をされました。

「坐禅とは自我の私を十字架にかけて死にきらせ、神の生命として復活して生きること」と。

仏教的表現に換言するならば、わがまま気ままな自我を死にきらせ、もう一人の私、天地いっぱいとぶっつづきの仏の御生命としての自己の私で生きる、ということができましょう。道元禅師は自我と自己という呼び方をしておられます。自我と自己との対話ともいえ、大人と子供の違いは、自我を自己がどこまで調御(手綱さばき)できるかにかかっているということができましょう。

平成二十九年の『婦人画報』六月号で、「追悼・渡辺和子、小さな死」と題する特集が組まれました。その中でノートルダム清心女子大副学長の山根《やまね》道公《みちひろ》氏が「『置かれた場所』の秘密」という題の一文を寄せておられ、「ああ、やっぱりそうであったか」とうなずかせていただいたことです。

和子先生はあるとき、仏像の姿に心惹かれる学生からの「キリスト教は余りに異国的な色彩が強いです」という発言に対して、次のように答えられたそうです。

「私も御仏《みほとけ》の姿の中に、日本人でなければ多分味わえない安らぎを感じ、郷愁を覚えることがあります。(中略)それまで失っていたら、私は無国籍の中途半端な人間でしかないだろうと思います。(中略)自分の生き方の中に、日本人に違和感のない、キリスト者の生き方を具現したいと努めています」と。

さらには『置かれた場所で咲きなさい』の本の題名となった原典の言葉は、「神が植えたところで咲きなさい」という英詩の一文だそうです。三十代半ばで学長になったとき、外国人の宣教師からいただいたこの一句を、日本人の感性で受けとめ、かみ砕き、「置かれた場所で咲きなさい」と置きかえ、自分を支える言葉とされ、多くの人々にも語りかけられたということを山根氏は語っておられます。

海外生活のほうが長く、ラスター彩の発掘・調査、再現に功労のあった、文字通り国際人といえる陶芸家の加藤卓男《かとうたくお》先生が、「国際人とは無国籍人になることではない。自分の国の文化を大切にする人にしてはじめて、他の国の文化も大切にできる」と語られ、そのお住まいは、工房から展示館に至るまで、江戸時代にタイム・スリップしたようなたたずまいであったことが心に深く残っています。

わずか一ヶ月ほどの海外の旅から帰り、市街地を車で走るたびに、〝ここはどこの国だっけ？〟という思いがよぎります。横文字や横文字をカタカナにした看板がむやみに目にとびこんできて、思わず日本語の看板を探しつつ思います。〝日本人だから、もっと日本語と日本の文化を大切にしてほしい〟と。

国際人になるということは、洋服をスマートに着こなし、横文字をりゅうちょうにしゃべることではなく、日本語と日本の文化を大切にする人間になることであって、〝無国籍人になることではない〟と語られた和子先生や加藤卓男先生の言葉や生き方を、心に深く学ばせていただかねば、と思うことです。

自分の国をよく知ってこそ、
相手の国を受け入れることができる

自国の文化をないがしろにする人は、
他国の文化も大切にできません。
自分の国のことをきちんと学ぶ人が真の国際人になれます。

私が私に落ちつき、私の花を咲かせる

客を迎えるために忙殺されている知人を訪ねました。何か手伝えることがあればと思って。知人は私の顔を見るなり、「すみません、床の間にお花を活けてくれませんか」という。

床の間へ行って見ると、籠花入れと花材が置いてありました。花材は美しい花ばかり。美しい花ばかりでは花になりません。花鋏《はなばさみ》を持ってフラッと外へ出た私は、田の畦道《あぜみち》や木の下草の中から、すすきや刈萱《かるかや》や、みずひき草、稚児笹などを採って帰ってきました。

丈高くすすきや刈萱を活け、中間にみずひき草をあしらい、その間に知人の用意してくれた美しい花々を散らし、根もとを稚児笹でまとめました。到着した客と知人が一緒に入ってくるなり、感嘆の声をあげました。

「まあ、すてき。こんな草が花になるんですね。私らは何でもきれいに咲いた花でなければ花にならないと思っていたのに。刈萱やみずひき草がこんなに美しいものと思ってもみませんでしたわ」

美しい花ばかりでは一瓶の花は構成できません。花らしい花もつけず、なるべく地味に控えている草があってこそ、花がひき立ちます。丈も低いものばかりでも、高いものばかりでも困ります。高いもの、低いもの、細い線を出すもの、幅広く量感を出すもの、それぞれあって一瓶の花が成り立つのです。どの一枝もどの一花も、どの一葉も大切で、無駄なもの、つまらないものは一つもありません。どれもこれもかけがえのない存在であり、まさに「長者は長法身、短者は短法身」、スミレはスミレ、バラはバラ、それぞれに天地いっぱいの姿、まぶしいほどに輝いている姿です。

人間のみがそれに序列をつけ、バラはよくてスミレはつまらないと考えます。

そしてスミレがバラの真似をして、スミレの花さえも咲かせられないという愚かさに陥ります。また目立つ配役のみをよしとし、蔭の配役にまわされると愚図《ぐず》り出したりします。

花は無心に、天地いっぱいより授かったそれぞれの姿で、それぞれの配役を勤めてくれます。高さを勤めてくれるもの、幅を勤めてくれるもの、蔭にまわって奥ゆきを勤めてくれるもの、下に控えて全体をしっかりと受けとめ、支えてくれるもの、そっと寄りそって固さをやわらげてくれるもの……。主役の花だけでは花にならず、名もなき草々の無私の協力あってはじめて一瓶の花が成り立つのです。どの一枝もどの一葉も、一瓶の花の命全体を背負って、その持ち場を守っています。配役の場こそ異なれ、価値においてまったく平等。これを道元禅師は「共に仏子たり、同じく仏事を作《な》す」という言葉でお示しになっておられます。

さらに忘れてならないものがあります。これらの花のすべてを支えながら、その姿の片鱗も見せない剣山の配役です。花の一本や二本なくても何とかごまかせますが、剣山がなかったらまったくお手あげです。その剣山は水の中に身を埋め、自分が支えている花たちの裾でかくされ、ときには白砂でその影さえも消し去られてしまう。自己主張したいだけの凡夫の心では、とても勤まるお役ではありません。道元禅師がお料理をする者の心得を書いた『典座教訓』の中で「道心ある者のみ、よく勤めることができる職だ」と仰せられるゆえんを、剣山の配役を通して学んでみたいと思います。

日本ではとかく仏事というと葬式・法事のことかと思い、あるいは坐禅とか写経とか、特別のことをすることかと思います。そうではないのですね、スミレがスミレの花を咲かせ、バラがバラの花を咲かせ、主役の枝、あしらいの枝、剣山の配役、台所の配役、お便所掃除の配役……。いかなる配役も右顧左眄《うこさべん》せず驀直《まくじき》に勤めあげることができたとき、仏事として勤めあげたといえるのであり、わが人生を悔いなく生きるというのも、これしかないのではありませんか。今、ここにおいて私が私に落ちつき、私の花を咲かせるといいかえることもできましょう。

地味な草があってこそ、
美しい花がひき立つ

主役と脇役、さまざまな配役があるのが人生です。
自己主張するばかりでは輝くことはできません。

生徒のための学校か、学校のための生徒か

「最近とみに高校でのクラブ活動は、生徒が体育ばなれをし、文化系に集まってきている」といいます。「どうして？」と尋ねると、中学のとき優秀な成績をあげた選手たちの多くが、高校では申しあわせたように体育から離れ、文科系を択んでいるというのです。「しごかれるという表現はいいすぎかもしれないが、練習がきつすぎて、体育という言葉を聞くだけでもいや」といっているよし。

中学の教師をしているHさんのこの話を聞いて私は思わず叫びました。

「それは指導する先生方や学校の姿勢が根本的に間違っている。少なくとも中学や高校の体育はプロを育てる場ではない。子供たちの健康な心身づくりが目的のはず。たのしみながら、団体競技なら互いに助けあい補いあい、協力しあってゆ

くということを学びながら、併せて体力も技も向上させてゆけばよい。

勝ち負けだけを目的としての技の向上しか眼中にないところには、ついてゆけない落ちこぼれ組も、当然としてたくさん出てくるし、生き残り組にしても、そこに展開する世界は勝つか負けるかの修羅場のみ。生まれつき体力のない子、障害のある子、体育は不得意という子、いずれもいずれも落ちこぼれさせず、つつみこみ、心を運ばせあいながら、結果として体力も技も磨いてゆく。つまり競技を通して人生を学んでゆく、人生を深めてゆく、そんな指導をこそしてほしいと思う。

勝つことしか考えないということの背景に、もっと心にかかることがある。指導する先生の名誉にかけてとか、学校の名誉のために、運動部の生徒のお尻がひっぱたかれていはしないか。もしそうだとしたら本末顚倒《てんとう》もはなはだしい。子供らの心身のすこやかな成長のための教師であり学校であるべきであって、教師や学校の名をあげるための生徒ではない。主人公はあくまでも生徒であることを、片時も忘れてはならない」と。

一応競技である限り勝ち負けはつきもの。しかし負けたとき、それにどう対応してゆくかを教えることこそ、むしろ勝つことを教えるより、もっと大切なのではないでしょうか。柔道の基本は受身の稽古であり、それは負ける練習であり、上手にころぶ練習であり、ころんで怪我《けが》をせず、すぐ起きあがる稽古だという。まさに人生の生きざまの極意そのものといえましょう。負けて落ちこまず、負けたことを肥料として吸収し、さらに人間的に成長しながら立ちあがることを教えることこそ、本命ではないでしょうか。

またどんなに優秀な選手であろうと、あるいは体力の保持者であろうと、やがて年齢と共に必ず体力の衰えてゆく日が来ます。若者に追いこされる日が間違いなくやってくるのです。体力をたのんでの勝ち負けだけの世界しか見えず、教えず、学ばずに猛進したその果てに待っているものは、わずかに過去の栄華の思い出になぐさめられながら、みじめな敗北者としての人生でしかありません。それではあまりに情ない。そんな競技の学び方に費す月日はいかにももったいなく、また残念でなりません。

剣道、柔道、弓道……。少なくとも日本で育った体育には、すべて「道」の字がつく。それは単なる技の学びでなく、それを通して人生を学べということであることを忘れてはなりません。

かつて浅草寺仏教文化講座で、二十八代立行司、木村庄之助《きむらしょうのすけ》氏と共に講師を務めたことがあります。私の前に演壇に立たれた木村氏の結びの一番ならぬ一言は、「勝って騒がれるより、負けて騒がれる力士になれ」でありました。私は思わず膝をたたき、この一句を私の話の冒頭に持っていったことを、今も忘れません。

勝って騒がれるのは力と技。負けて騒がれるのは、勝ち負けを超えた世界をにらんで生きる人格の重さ、高さであり、これこそ人生の本命であることを心に銘記しておきましょう。

勝つことよりも、負ける練習が大切

上手にころび、ころんで怪我をせず、すぐに起きあがる……。
負ける練習は人生を生きるための極意でもあります。

私の人生という土俵で私とどう取り組むか

ある日、一通の封書が届きました。某高校三年のNさんからのお手紙で、きちんとした文字で次のように書かれていました。

「私はT高校へ通う十七歳の学生です。中学一年の頃から柔道をはじめ、技をみがいてもっと強くなりたい！　という願いから、柔道に力を入れているこの高校に入りました。実家から遠いので通うことはむずかしく、寮に入って日々努力をしてきました。

努力の甲斐あって二年のはじめまでは団体レギュラーとして使ってもらっていました。一年生の新人戦では県大会で団体優勝したこともあります。ところが二年生の本大会で私は最大のミスをしてしまい一本負け……。結局一対一の内容負けで三位という結果に終わり、インターハイ出場ができませんでした。

それからというもの、顧問の私に対する態度が激変し、レギュラーからもはずされ、見向きもしてもらえなくなりました。そして新しく入ってきた一年生三人がレギュラーとなりました。実際この三人はとても強く、なかなか試合で勝つことができませんでした。何度も何度も部活を止めようと思いました。でもほんとうに、ほんとうにくやしかったんです。負けたまま終わるなんて、そんな終わり方は嫌だったし、何よりも自分から逃げることも嫌だった。だからがんばってつづけてきました。そして三年生になり、個人戦では何とあの三人と同じ階級となりました。地区予選会。私は何とあの三人に勝ち、優勝することができたのです。(中略)これでレギュラーになれる！　最後の大会で団体レギュラーとして出るんだ！　私の胸は高鳴りました。しかし県大会でレギュラーとして使ってもらえることはなかったのです。レギュラーどころか補欠にすら私の名前はなかった。寮から私は何度も泣きながら家に電話をし、母と話しました。母は〝団体レギュラーがすべてじゃない。あなたはがんばったんだから。何よりも自分に勝てたんだよ〟そういってなぐさめてくれました。

しかし母も、元気のない私についておばあちゃんに話をしたようです。おばあちゃんが青山俊董先生の連載されているコラムの切り抜きを送ってくれました。その中の『勝って騒がれるより、負けて騒がれる力士になれ』(二十八代立行司、木村庄之助氏)の一言には、とても勇気づけられた気がします。負けたおかげ、くやしい思いをしたおかげで、先生に出会うことができたことを感謝しています。いろいろ心配してくれた家族のみんなと、新聞を切りとって送ってくれた穂高のおばあちゃん、青山先生、本当にありがとうございました。これから私は、前向きにがんばっていこうと思います」

私は返事を書きました。

「負けたおかげで、その上顧問の先生に冷たくあしらっていただいたおかげで、あなたの心にアンテナが立ち、『勝って騒がれるよりも、負けて騒がれる力士になれ』というすばらしい言葉に出会うことができたのです。
柔道にかける命も結構ですが、勝ち負けだけ、技の向上だけの競技ではなく、人生という土俵で私自身とどう取り組むか、私自身の人生をどう深いものにしてゆくかのほうが、もっと取り組みがいのある、大切なことであることを忘れないでください」と。

子供たちが生まれつきそのことが得意ということもありますが、好きな先生の科目が好きになり、好きになると成績もあがるという例も決して少なくありません。ということは、生来好きな得意とすることさえ、担当する先生によっては嫌いになってしまうということもありうることになります。

子供たちを教える立場にあるものは、受け持つ科目のことしか見えないというのではなく、それを通して人生にどう立ち向かうか。その子供を一個の人間としてどう育ててあげてゆくかを、つねに意識の中心において指導に当たってほしいと思うことです。

くやしい思いをしたおかげで、人生が深くなる

つらい思いを経験すると心にアンテナが立ち、大切なことが見えてきます。

青山俊董（あおやま・しゅんどう）

昭和八年、愛知県一宮市で生まれる。五歳のとき、長野県塩尻市の曹洞宗無量寺に入門。十五歳で得度し、愛知専門尼僧堂に入り修行。その後、駒澤大学仏教学部、同大学院、曹洞宗教化研修所を経て、三十九年より愛知専門尼僧堂に勤務。五十一年、堂長に。五十九年より特別尼僧堂堂長および正法寺住職を兼ねる。現在、無量寺東堂も兼務。五十四、六十二年に東西霊性交流の日本代表として訪欧、修道院生活を体験。四十六、五十七、平成二十三年にインドを訪問。仏跡巡拝、並びにマザー・テレサの救済活動を体験。昭和五十九、平成九、十七年に訪米。アメリカ各地を巡回布教する。参禅指導、講演、執筆に活躍するほか、茶道、華道の教授としても禅の普及に努めている。十六年三月、女性では二人目の仏教伝道功労賞を受賞。二十一年、曹洞宗の僧階「大教師」に尼僧として初めて就任。曹洞宗師家会会長、明光寺（博多）僧堂師家。『あなたに贈ることばの花束』『花有情』『くれないに命輝く』『手放せば仏』『今ここをおいてどこへ行こうとするのか』『従容録ものがたり』ⅠⅡⅢ（すべて春秋社）、『一度きりの人生だから』『あなたなら、やれる』（ともに海竜社）、『新・美しき人に』（ぱんたか）、『泥があるから、花は咲く』（幻冬舎）など多数の著書がある。『美しき人に』は英・独・仏など八ヶ国語に翻訳されている。

落ちこまない練習
病気や不幸は慈悲の贈り物

2018年12月20日　第1刷発行

著　者　青山俊董
発行人　見城 徹
編集人　福島広司

発行所　株式会社 幻冬舎
〒151-0051　東京都渋谷区千駄ヶ谷4-9-7
電話　03(5411)6211(編集)
03(5411)6222(営業)
振替　00120-8-767643
印刷・製本所　中央精版印刷株式会社

検印廃止

ISBN978-4-344-03402-0　C0095
幻冬舎ホームページアドレス　http://www.gentosha.co.jp/

この本に関するご意見・ご感想をメールでお寄せいただく場合は、
comment@gentosha.co.jpまで。